Rudolf Donnert · Andreas Kunkel
Präsentieren – gewusst wie

Rudolf Donnert
Andreas Kunkel

Präsentieren – gewusst wie

Praktischer Leitfaden für Vortrag, Moderation und Seminar unter Einsatz neuer Medien

Lexika Verlag®

Die Deutsche Bibliothek – CIP-Einheitsaufnahme

Ein Titeldatensatz für diese Publikation ist bei
Der Deutschen Bibliothek erhältlich.

Lexika Verlag erscheint bei Krick Fachmedien GmbH + Co. KG, Würzburg

3. überarb. Auflage

Druck: Schleunungdruck, Marktheidenfeld
Printed in Germany
ISBN 3-89694-400-2

Inhaltsverzeichnis

Vorwort

Der rasche Wandel in den beruflichen Anforderungen hat zur Folge, dass früher erworbene Qualifikationen im modernen Berufsleben allein nicht mehr ausreichen, wenn man „up to date“ sein will. Wissen und Können oder Fertigkeiten und Fähigkeiten müssen aufgefrischt und korrigiert, Verhaltensweisen überprüft, bisweilen sogar geändert werden, um die berufliche Leistung und das persönliche Wachstum zu verbreitern. Dabei gilt: Wer aufhört, treibt zurück!

In diesem ständigen Lernprozess sind fachlich hoch qualifizierte Personen gezwungen, für sie überraschend neue Funktionen zu übernehmen, z.B. Fachvorträge zu halten, Mitarbeiter zu unterweisen oder auszubilden. Sind sie dafür aber auch richtig vorbereitet?

Der Leitfaden versteht sich als Hilfsmittel für den angesprochenen Personenkreis. Er ist ein Arbeitsmittel für alle, die neben ihrer Haupttätigkeit Vorträge halten, Arbeitsergebnisse oder Produkte demonstrieren bzw. präsentieren, Weiterbildungsfunktionen übernehmen und Ähnliches mehr. Der Autor möchte dabei praktische Tipps und Empfehlungen aus seiner langjährigen Erfahrung als Referent geben, den Einsatz der verschiedenen Medien näherbringen und – damit die Zusammenhänge besser verstanden werden – einleitend etwas über das Lernverhalten Erwachsener vermitteln.

Vorwort zur 3. Auflage

Präsentieren, Moderieren und Vortragen ist seit Erscheinen der 1. Auflage zu einem noch wichtigeren Thema für Führungskräfte geworden. Besprechungen, Meetings, Referate gehören heute beinahe zu jedem Führungsalltag.

So brillant die Nachwuchsmanager heute ausgebildet sind, bei der Vorbereitung und Durchführung einer Präsentation ist man oft auf sich allein gestellt: Die Zeit ist knapp bei kurzfristig einberufenen Meetings und der Fülle sonstiger Aufgaben im Tagesgeschäft.

Die Präsentation des Wissens jedoch entscheidet oft erst dessen Wirkung. Nur wer seine Zuhörer interessieren kann, kann sie überzeugen und für sich einnehmen. Dieses Buch vermittelt kurz und prägnant die wichtigsten Schritte der Vorbereitung und Durchführung von Präsentation, Moderation, Seminar und anderen Meetings.

Nach der guten Resonanz der ersten und zweiten Auflage wurde die Grundstruktur des Buches beibehalten, der Inhalt jedoch aktualisiert und um das Thema Mind Mapping ergänzt. Die gestraffte Gliederung bietet einen noch besseren Überblick.

Mit Andreas Kunkel aktualisierte und überarbeitete ein Experte den Beitrag von Marion Sterzenbach aus der 2. Auflage zum Thema Präsentieren mit neuen Medien. Damit bleibt das Buch seinem Anliegen treu, dem Leser zu zeigen, wie er in Präsentation, Moderation, Seminar und anderen Meetings mit minimalem Aufwand die maximale Wirkung erzielen kann.

München, im März 2002, Rudolf Donnert

1 Der Vorgang des Lernens

Lernen im Erwachsenenalter ist mehr als nur Wissensaneignung, Entwicklung kognitiver Fähigkeiten oder Ausbildung psychomotorischer Fertigkeiten. Lernen in der beruflichen Fortbildung bedeutet für den Erwachsenen eine Auseinandersetzung mit neuen Lerninhalten – oft sogar eine Auseinandersetzung mit der Person des Ausbilders, Seminar- oder Kursleiters.

Die Lernfähigkeit Erwachsener ist keine feste Größe, sondern hängt in erster Linie von der Persönlichkeit, dem individuellen Lerntraining und der lebenslangen geistigen Mobilität und Flexibilität ab. Die Fähigkeit des Menschen, zu lernen, bleibt grundsätzlich das ganze Leben lang erhalten, sie ist nur individuell ausgeprägt und wird im Lauf des Lebens umstrukturiert: So hängt z.B. die intellektuelle Leistungsfähigkeit von Art und Umfang der geistigen Tätigkeiten ab. Die Lernleistung hängt vom Training der dafür erforderlichen Potenziale oder der effizienten Teilnahme an Weiterbildungsveranstaltungen ab. Defizite in der Lernleistung können durch spezifische Übungen wieder ausgeglichen werden.

1.1 Was ist Lernen?

Arten des Lernens

- **Affektives Lernen** bedeutet Lernen durch Fühlen.

Beispiel: *Ein Kind, das an einen heißen Ofen fasst, verbrennt sich die Hände, fühlt den Schmerz und erkennt, dass es nicht sinnvoll ist, den heißen Ofen zu berühren.*

- **Kognitives Lernen** bedeutet Lernen durch Verstehen.

Beispiel: *Dem Fahrschüler werden die Verkehrsregeln erklärt. Er versteht, dass diese Ordnung sinnvoll ist und handelt entsprechend.*

- **Soziointegratives Lernen** bedeutet das Erlernen des Verhaltens in der Gruppe und das Lernen durch die Gruppe – auch Enkulturation genannt. Die Grenze zwischen Erziehung und Lernen ist fließend.

Beispiel:

Ein Einzelner kann die Qualität eines komplexen Produkts oder die Qualität eines Verhaltens in einer Abteilung nicht oder nur partiell verbessern.
In einer Gruppe ist diese Aufgabe besser zu lösen.

- **Psychomotorisches Lernen** meint Lernen durch Trainieren, durch Wiederholung zur Festigung des Wissens bzw. zur Steigerung der körperlichen Leistungen.

Beispiel:

Ein Sportler trainiert im Kraftraum. Durch ständiges Stemmen von Gewichten stärkt er die Muskeln und verbessert seine Schnellkraft.

Lerntypen

Nicht jeder Mensch lernt auf die gleiche Weise. Daher unterscheidet man verschiedene „Lerntypen“: der eine lernt durch Sehen, der andere durch Hören, der dritte lernt am einfachsten, indem er etwas ausführt.
Die Sinnesorgane, mit denen wir beim Lernvorgang wahrnehmen, bezeichnet man auch als „Eingangskanäle“. Je nachdem, über welchen Eingangskanal eine Person etwas hauptsächlich lernt, unterscheidet man verschiedene Typen:

- Der (verbale) Diskussionstyp:
  Er lernt im Gespräch, durch Formeln und Begriffe.
- Der (visuelle) Sehtyp:
  Er lernt durch Lesen, Experimentieren und Beobachten.
- Der (auditive) Hörtyp:
  Er lernt durch Zuhören. Auch er lernt durch Formeln und Begriffe.
- Der (haptische) Fühltyp:
  Er muss anfassen, die Dinge spüren, sie selbst machen, um lernen zu können.

Das individuelle Lernproblem eines jeden Teilnehmers während eines Seminars zu lösen, erscheint – bei der meist nur begrenzt zur Verfügung stehenden Zeit – fast unmöglich. Trotzdem soll ein effizienter Lernprozess stattfinden. Daher empfiehlt es sich für den Referenten, während seines Vortrags/Gesprächs stets mehrere Sinnesorgane anzusprechen, um zu gewährleisten, dass die Teilnehmer über mehrere „Kanäle“ aufnehmen können.

Leistungskurven

Alle Menschen unterliegen im Verlauf eines Tages einer ähnlichen Leistungskurve, die ihre Höhepunkte etwa zwischen 9 und 12 sowie zwischen 15 und 18 Uhr hat. Sie passt sich in einem gewissen Rahmen den individuellen Gewohnheiten an, so dass die Leistungshöhepunkte sich nach vorn und hinten verschieben. Trotzdem sollte man die Zeit der höchsten Leistungsbereitschaft zum Lernen nutzen. Menschen, die nächtelang durchlernen, haben ihre Zeit vergeudet.

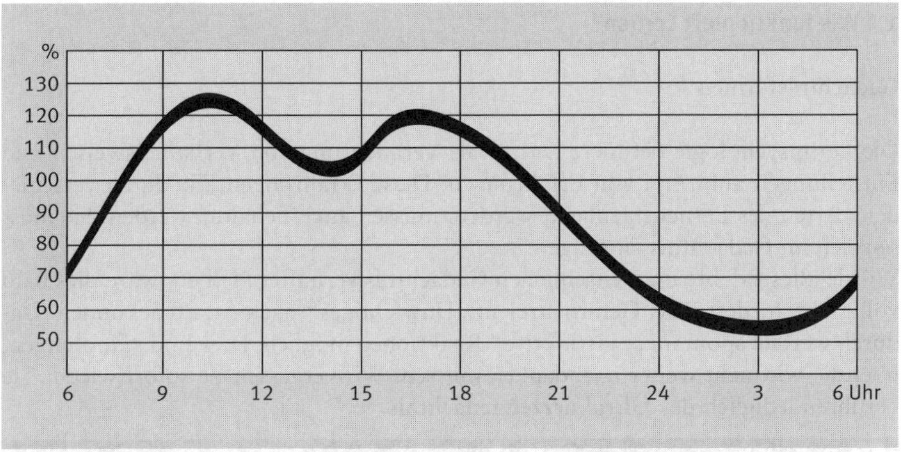

Abb. 1 Leistungsbereitschaft und Tageszeit (Durchschnittswerte, nach O. Graf)

Belastbarkeit

Selbst während der Zeit höchster Leistungsbereitschaft ist der Mensch nicht durchgehend voll belastbar. Er benötigt Pausen, Erholungsphasen. Das Gehirn kann nicht ständig speichern.
Folgen zwei Lernschritte zu schnell aufeinander, so stört entweder der zweite Lernschritt den ersten – man nennt dies „retroaktive" (rückwirkende) Gedächtnishemmung – oder die Verarbeitung des ersten Lernprozesses stört die Aufnahme des nächsten – man nennt das „präaktive" (vorauswirkende) Gedächtnishemmung.
Es ist daher wesentlich, zwischen einzelnen Lernschritten Pausen zu machen.

Zusammenfassung:

Es gibt verschiedene Arten des Lernens. Welche Art gewählt wird, hängt von der Umwelt, dem Lernstoff und der Struktur des Lernenden ab. Wichtig ist deshalb, die für den jeweiligen Lerntyp richtige Lernform zu finden, zur richtigen Zeit zu lernen, die Lernschritte in der richtigen Größe auszuwählen und dazwischen Entspannungsphasen einzulegen.

1.2 Wie funktioniert Lernen?

Gedächtnisformen

Die Lernpsychologie definiert Lernen als Veränderung von Verhaltensweisen und Einstellungen aufgrund von Erfahrungen. Diese Erfahrungen, die durch verschiedene Arten des Lernens gemacht werden, müssen auch behalten werden. Sie müssen sich im Gedächtnis einprägen.
Würde alles Erlebte im menschlichen Gedächtnis verhaftet bleiben, wäre dies bald völlig überfordert. Das Gehirn streicht „Unwichtiges“ nach ca. 20 Sekunden. Dadurch werden spontane, „instinktive“ Reaktionen möglich. Dies sind Handlungen, über die wir nicht weiter nachdenken müssen. Wir vergessen sie sofort wieder. Sie berühren lediglich das **Ultrakurzzeitgedächtnis.**

X Beispiel:

Wie oft waren heute morgen, als Sie hierher gefahren sind, die Ampeln rot?
In der Regel können Sie diese Frage nicht beantworten.So etwas merken Sie sich nicht, Sie reagieren spontan auf die jeweilige Situation.

Neben dem Ultrakurzzeitgedächtnis hat der Mensch noch ein **Kurzzeitgedächtnis.** Verbindet man eine Wahrnehmung mit etwas Bekanntem oder einer Tätigkeit, so kann man sich diese Wahrnehmung etwa 20 Minuten lang merken. Dann verblasst auch sie.

Wirklich merken kann sich der Mensch nur Dinge, die er in sein **Langzeitgedächtnis** übertragen hat.
Ob eine Information aus dem Kurzzeitgedächtnis in das Langzeitgedächtnis übernommen wird, hängt von der Motivation und von der Aufmerksamkeit ab.

Beispiel:

Ein Straßenbahnfahrer ist nicht motiviert, sich alle roten Ampeln zu merken. Seine Aufmerksamkeit wird durch das aktuelle Verkehrsgeschehen voll beansprucht. Er wird sie nicht für das Einprägen von Ampelstellungen vergeuden. Spricht ihn jedoch ein Fahrgast während eines Ampelstops an, und es kommt zu einem Gespräch, kann er sich bis zur Endstation daran erinnern. Am nächsten Tag mit Sicherheit nicht mehr.

Assoziationsbrücken

Einfacher wird der Vorgang der Informationsübernahme vom Kurzzeit- in das Langzeitgedächtnis, wenn an bereits bekanntes Wissen angeknüpft werden kann. Man nennt dies „Assoziieren". Assoziationsbrücken sind also „Verbindungsbrücken" zwischen Neuem und Bekanntem oder auch Vereinfachungen, schlicht „Eselsbrücken".

Beispiel:

333 bei Issos Keilerei. – Mithilfe dieses Satzes kann sich jeder Schüler an die Schlacht zwischen Alexander dem Großen und den Persern erinnern. Eine andere Eselsbrücke: Siehst du des Polizisten Bauch oder Rücken, musst du auf die Bremse drücken.

Zusammenfassung:
Wahrnehmungen, die nicht mit Nachdenken verbunden werden, führen entweder zu spontanen Reaktionen oder versinken wieder in Vergessenheit.
Um sich Informationen einzuprägen, benötigt man Aufmerksamkeit, Motivation und möglichst eine Verbindung zu etwas Bekanntem.

Methodenabhängigkeit

Lernende behalten durchschnittlich etwa
20 % von dem, was sie nur gehört haben,
30 % von dem, was sie nur gesehen haben,
50 % von dem, was sie gehört und gesehen haben,
70 % von dem, was sie selbst gesagt haben und
90 % von dem, was sie mitdenkend erarbeitet und selbst ausgeführt haben (aktives Lernen).

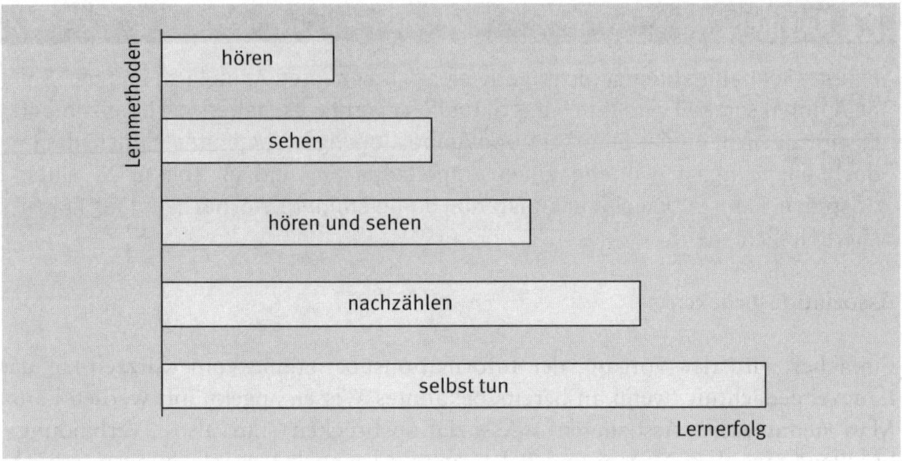

Abb. 2 Zusammenhang von Lernmethode und Lernerfolg.

1.3 Lernblockaden bei Erwachsenen

Die oft nur geringe aktive Beteiligung von Seminarteilnehmern bei beruflichen Weiterbildungsveranstaltungen lässt darauf schließen, dass Lernen auch heute noch mit Angst verbunden ist. Angst blockiert Lernenergien, verhindert Lernmotivation und führt zu Desinteresse. Lernen sollte deshalb in einer angstfreien, vertrauensvollen Atmosphäre stattfinden.

Die Angstgefühle Erwachsener haben mehrere Gründe. Der Erwachsene hat Furcht

- vor der ungewohnten, unbekannten Lernsituation:
  Was kommt da auf mich zu?
  Was wird von mir verlangt werden?
  Wie wird der Kurs ablaufen? Werde ich mich zurechtfinden?

- vor den unbekannten Kursleitern und Kollegen:
  Wie werde ich vom Lehrenden und von den Kollegen aufgenommen?
  Ob wir gut miteinander auskommen werden?
  Wie werden sich die anderen mir gegenüber verhalten?

- vor dem neuen Lernstoff:
  Das kann ich ja doch nicht!
  Ich bleibe lieber bei dem, was ich weiß und kann!
  Was soll ich bei dem Kurs!

1.3.1 Furcht vor Unbekanntem

✔ Wie Sie Furcht abbauen können

1. Teilnehmer miteinander bekannt machen

- Der erste Eindruck ist wichtig: Der Kursleiter stellt sich vor. Durch freundliches Verhalten kann er ein gelockertes, vertrauensvolles Lernklima erzeugen. Er vermeidet es, den unfehlbaren Fachmann herauszustellen.
- Zu Beginn erzählen die Teilnehmer frei von sich und ihrer Tätigkeit.
- Während der Dauer des Kurses werden mitmenschliche Kontakte gepflegt:
  Viele Gespräche innerhalb und außerhalb der Kurszeiten.

2. Teilnehmer informieren und orientieren

- Lernziele, Kursinhalte und „Fahrplan“ mit Übersichten oder Plakaten aufzeigen:
  Was wollen wir tun?
  Warum wollen wir das tun?
  Wie ist der Ablauf oder „Fahrplan“ des Kurses?
- Lernfortgang ständig mit „rotem Faden“ oder „Fahrplan“ vergleichen:
  Wo stehen wir?
  Was haben wir bereits getan?
  Was kommt jetzt?
- Erreichbarkeit der Kursziele betonen und durch Beispiele verdeutlichen:
  Wo ist es leicht? Wo wird es schwieriger?
  Wie wollen wir das überwinden?
  Wie hilft der Kursleiter?

- Die Vorgehensweisen aufzeigen:
  Wie wollen wir vorgehen?
  Was hat der Kursleiter geplant?
  In welcher Weise ist der Kursteilnehmer beteiligt?

- Die Minuten vor Kursbeginn mit Entspannungsmusik ausfüllen.
  Sie schafft eine vertraute, gelöste Atmosphäre und hilft, die beklemmende, erwartungsvolle Stille am Anfang zu überwinden.

1.3.2 Furcht vor Misserfolg oder Blamage

Erwachsenen Kursteilnehmern fehlt oft das Selbstvertrauen. Weil sie befürchten, die geforderten Leistungen nicht erbringen zu können, haben sie Angst vor dem Misserfolg. Die grundlose Annahme, andere verstünden den Lehrstoff schneller und besser, erzeugt Unsicherheit, führt zur Entmutigung und lähmt das Selbstwertgefühl. Folgen sind:

- Der Kursteilnehmer verhält sich passiv. Er wagt nicht nachzufragen, um Unklarheiten zu beseitigen oder seine Probleme darzulegen. Er fürchtet, dass er sich sprachlich nicht angemessen ausdrücken kann.

- Er scheut das Risiko und meldet sich nur dann, wenn er sich seiner Leistung sicher ist. Er wählt leichte Aufgaben und wagt sich aus Furcht vor Misserfolg nur widerwillig an schwierigere Aufgaben.

- Er sperrt sich gegen Veränderungen und Neuerungen, weil er eine gewohnte Leistungsform, die er sicher beherrscht, aufgeben muss und nicht weiß, ob er die neu zu lernende Leistungsform in der gleichen Weise beherrschen wird.

✔ Wie Sie die Sicherheit bei den Teilnehmern fördern können

Der Kursleiter muss als Gegenpol des Minderwertigkeitsgefühls geschickt das Selbstwertgefühl aufbauen und stärken. Dazu ist es nützlich, die Ursachen der Furcht vor Misserfolg oder Blamage zu erforschen:

- Was kann der Teilnehmer?
- Wo liegen seine Stärken?
- Was will der Teilnehmer erreichen?

Aber auch vorbeugende Handlungen können dem Kursteilnehmer helfen.

1. Resignation nicht verstärken!

- Teilnehmer nicht bloßstellen, etwa indem eine Frage gestellt wird und man darauf besteht, dass sie beantwortet wird, obwohl Unvermögen erkennbar ist.
  Es ist besser, zur freiwilligen Aktivität zu ermuntern. Die Teilnehmer müssen den Eindruck gewinnen, dass sie unbeschadet etwas sagen, aber auch schweigen können.

- Erwachsene versagen oft, wenn sie spüren, dass ihre Leistungsfähigkeit abgefragt wird.
  Damit sie ihre Hemmungen verlieren, ist es besser, wenn sie zunächst Sachverhalte vertreten müssen, die nicht unmittelbares Ergebnis ihrer eigenen Lernleistungen sind,
  z.B. von einer Gruppenarbeit berichten; einen Erfahrungsbericht geben;
  aus der eigenen Praxis erzählen; eine Meinung begründen;
  eine Zusammenfassung geben;
  eine Rolle im Rollenspiel übernehmen u.a.m.

- Das Niveau und den sprachlichen Ausdruck an die Aufnahmefähigkeit und Fachkenntnis der lernenden Teilnehmer anpassen.
  Versuchen Sie nicht, den Allwissenden zu spielen. Sie werden damit die Resignation eher verstärken als das Selbstwertgefühl aufbauen.

2. Selbstwertgefühl aufbauen!

- Der Teilnehmer gewinnt an Selbstvertrauen, wenn man ihm gezielt Lernerfolge verschafft und ihm diese Erfolge bewusst macht.
  Jeder Beitrag sollte positiv quittiert und anerkannt werden, gleich ob er richtig oder falsch, angebracht oder abwegig ist. Kein Beitrag darf zurückgewiesen werden. Falsche oder abwegige Beiträge sollten so korrigiert werden, dass das Fehlerhafte rational erkannt, aber nicht emotional als Misserfolg erlebt wird.

- Hat der Kursteilnehmer Schwierigkeiten mit dem Lernstoff, dann werden diese am ehesten durch eine Herabsetzung des Schwierigkeitsgrades vermindert.

Das ist möglich, indem Abstraktes veranschaulicht wird und schwer erkennbare Zusammenhänge mithilfe von Strukturen, Schemata, Zeichnungen erklärt werden.

Tipp: Beispiele verwenden, immer wieder den Praxisbezug herstellen und Überlagerungen vermeiden! Ein Teilnehmer mit Lernschwierigkeiten wird besonders motiviert, wenn er seine außerhalb des Unterrichtsgebiets liegenden Begabungen und Fähigkeiten in das Unterrichtsgeschehen einbringen darf.

- Die persönliche Wertschätzung ist das stärkste menschliche Bedürfnis. Die Unfähigkeit, soziale Anerkennung zu erringen, ist Ursache vieler seelischer Störungen. Deshalb ist es ratsam, dem Teilnehmer soziale Anerkennung zu verschaffen, indem er Zustimmung und Akzeptanz von seinen Kollegen in Gesprächen, Diskussionen, Gruppenarbeiten, Partnerübungen, Problemlösungen u.a.m. erfährt.

- Teilnehmer werden zur Aussage ermutigt, wenn man durch provokante Äußerungen bewusst Kritik hervorlockt. Dies lockert die Arbeitsatmosphäre auf und hilft dem Teilnehmer, eigene Gedanken zu äußern, statt auf die Autorität des Referenten fixiert zu bleiben.

1.3.3 Leistungs- und Prüfungsangst

Erwachsene stehen oft unter dem Druck, eine gute Leistung erbringen zu müssen. Einmal hängen berufliche Zukunft und soziales Ansehen davon ab, zum anderen erwarten dies Vorgesetzte, Kollegen, Bekannte und nicht zuletzt die eigenen Familienangehörigen. Wer könnte es sich leisten, sie zu enttäuschen?
Dieser Druck erzeugt Angst, man könnte versagen, wenn man die geforderte Leistung nicht erbringt. Es entsteht Leistungsangst. Sie wird besonders durch Hinweise auf mögliche Folgen eines Misserfolgs oder auf einen Leistungsnachweis in Form von Prüfungen verstärkt.

Angst führt zum Zusammenbruch der kognitiven Handlungen und beeinträchtigt jedes organisierte Denken:
Wichtiges und Unwichtiges werden nicht mehr deutlich unterschieden;
das Differenzierungsvermögen wird gestört;
Wahrnehmungsleistungen verschlechtern sich;
das Verhalten wird starrer;
die Genauigkeit der Handlungen lässt nach;
Aufmerksamkeit und Konzentration werden gemindert.

Angst ist wegen der Störung überlegten Handelns für den Lernprozess denkbar ungeeignet. Traditionelle Leistungskontrollen, die Leistungsangst verstärken, bringen deshalb oft nicht die erwünschte Aussage über den tatsächlichen Leistungsstand und die wirkliche Leistungsfähigkeit des Geprüften.

✔ Wie Sie den Teilnehmern die Angst nehmen können

Nicht alle Teilnehmer geraten in ähnlicher Weise in eine Stresssituation oder erreichen die gleiche Erregungshöhe. Um Stress zu verhindern, sind neben pädagogischen Handlungsweisen auch Veränderungen gesellschaftlicher Einstellungen notwendig, um vor allem existenzielle Angst und Furcht vor Verlust der sozialen Geltung zu vermeiden.

1. Verminderung des sozialen Drucks

- durch Bestätigung, Bekräftigung und Anerkennung. Bekräftigen Sie wünschenswerte Verhaltensweisen oder Leistungen sofort und wiederholt, weil Lernfortschritte vom Zeitintervall zwischen Handlung und Erfolgserfahrung abhängen;
  führen Sie Kritik sachlich und setzen Sie nicht die Persönlichkeit des Kursteilnehmers herab; fehlende Erfolgserlebnisse verursachen Unsicherheit im Lernverhalten, die sich in Stresssituationen nachteilig auswirkt.

- durch Engagement des Referenten für die Teilnehmer. Der Referent sollte nicht nur die formalen, vorgeschriebenen Funktionen erfüllen, sondern sich um den Teilnehmer bemühen, dessen Schwierigkeiten feststellen und reduzieren, bereitwillig auf seine Fragen und Probleme eingehen, Verständnis zeigen, ihn zur aktiven Teilnahme ermuntern, zusätzliche Hilfen anbieten, keine unnötigen Konkurrenzsituationen erzeugen, Vertrauen erwecken.

2. Abbau der Prüfungsangst

- Kursteilnehmer auf Prüfungen vorbereiten:
  Mehrmals wiederholte Übungstests machen mit der Prüfungssituation vertraut und nehmen die Angst vor dem Unbekannten. Sie machen vertraut mit
  - Art, Methode, Ablauf der Prüfung;
  - Schwierigkeit, Bereich, Art der Aufgabenstellung;
  - Kriterien der Leistungsforderung und Beurteilung.

Angekündigte Prüfungstermine unbedingt einhalten.
Richtig vorbereiten heißt: Lerninhalte nicht nur lesen lassen, sondern nacherzählen, diskutieren, referieren lassen.

- Traditionelle Leistungskontrollen vermeiden.

Falsch ist:
Schwierigkeiten zum Zweck der Auslese manipulieren;
Leistungsdruck erzeugen;
Leistungsnorm am Durchschnitt orientieren;
isolierte, aus dem Zusammenhang gelöste Einzelfakten abfragen;
von Komplex zu Komplex springen;
neben Lerninhalten unangekündigt andere Fähigkeiten prüfen (Wortflüssigkeit, Sprachverständnis, Vorstellungsvermögen).

Richtig ist:
Zeit sinnvoll begrenzen;
Hilfsmittel aus der Praxis zulassen;
Lerninhalte in sinnvollen Zusammenhängen abfragen;
statt Behalten von Inhalten ihre realistische Anwendung durch Lösen praxisnaher Aufgaben prüfen;
die aktive, freie Wiederholung oder freies Sprechen über geforderte Stoffgebiete, d.h. die selbstständige Darlegung bevorzugen, weil aktives Wissen leichter reproduzierbar ist als passives Wissen.

3. Überforderungen vermeiden

- Stoffülle vermeiden,
  die Menge des zu lernenden Materials „verdaulich portionieren“ und kleine Lerneinheiten anbieten.

- Die Lerneinheiten nicht zu rasch aufeinander folgen lassen,
  damit die zur Verarbeitung und Festigung der Lerninhalte im Gedächtnis erforderliche Zeit gewährt wird.

- Trotz Zeitdrucks nicht auf ausreichende Übungen verzichten,
  damit der Lernstoff vertieft wird und die Umsetzung der Theorie in die Praxis vollzogen werden kann.

- Das Niveau der Darbietung in Sprache und Veranschaulichung dem Fachverständnis der Teilnehmer angleichen.
- Das Lerntempo erst mit steigender Lernfähigkeit schrittweise erhöhen.
- Den Lernstoff in einer logischen Reihenfolge anbieten und die Lerneinheiten klein und nachvollziehbar wählen.
- Klare Strukturen vorgeben.

2 Grundlagen des Lehrens

2.1 Lernziele

Lernen bedeutet im Grunde immer Selbstlernen. Arbeit und Verantwortung kann man delegieren – lernen nicht. Dies trifft nicht nur zu für den einsamen Lerner in seinem Studierstübchen oder an einem mit modernster Unterrichtstechnik ausgestatteten Selbstlernplatz, das gilt genauso für das Lernen bei Arbeitsseminaren und -unterweisungen. So gesehen heißt Lehren nichts anderes als: Voraussetzungen schaffen für das Selbstlernen.

Wer erinnert sich nicht an

- ein interessantes Thema, das von einem anerkannt guten und beliebten Trainer dargeboten wurde und von dem man trotzdem nichts mitbekommen hat; oder
- einen Trainer, der einem eigentlich „nichts beigebracht“ hat, dessen monoton vorgetragener, trockener Stoff aber Denkanstöße gegeben hat? Man hat dann tatsächlich über das Problem nachgedacht, während das Seminar weiterlief, und später daraus Konsequenzen gezogen.

Die Pädagogik hat sich seit jeher vornehmlich mit der Kunst und Technik des Lehrens beschäftigt. Sie hat dabei die Suche nach dem alle Lehrprobleme lösenden „Nürnberger Trichter“ in das Reich der Illusion verwiesen. Dem Trainer vermittelte sie Erkenntnisse über effektive Lehr- und Lernmethoden und förderte so den Einzug neuer Medien in Unterricht und Seminare. Das geschah natürlich in der Absicht, das Lernen zu erleichtern. Es fehlten jedoch weitgehend Überlegungen, wie man den Lernenden selbst dazu bringen könnte, Gelerntes und Gelesenes leichter, schneller und dauerhafter aufzunehmen und anzuwenden.

Aber gerade auf diese Fähigkeit des Lernens kommt es heute in immer stärkerem Maße an. Bekanntlich wächst der Wissensstoff, die Faktenvielfalt wird größer, und die Fülle des Lehrstoffs in den einzelnen Fächern wird immer üppiger; dazu veraltet das Wissen zunehmend schneller.
So wachsen auch die Kosten für eine betriebliche Weiterbildung beträchtlich. Ein möglicher Kostendämpfungsfaktor könnte das Selbstlernen sein.

Ein anderes Problem ist die Weitergabe von Spezialwissen. Dafür gibt es wenige spezialisierte Trainer, die sich ebenfalls mit Lehr- und Lerntechniken auseinander setzen müssen.

Jeder Lernvorgang im Rahmen einer Unterweisung bewirkt Verhaltensänderungen. Durch Lernziele kann die erwünschte Verhaltensänderung im voraus exakt und eindeutig beschrieben werden.
Da Lernziele nach Bereichen geordnet oder nach der Qualität der zu vermittelnden Fähigkeiten gewichtet werden können, besteht die Möglichkeit, sie dem Begabungsniveau der Lernenden anzupassen. Auf diese Weise kann die Unterweisung adressatengerecht gestaltet werden.
Der Trainer hat außerdem die Möglichkeit, geeignete Lehrmethoden auszuwählen sowie die Lehrmittel darauf abzustimmen und Übungsaufgaben zu erarbeiten, die eine gezielte Kontrolle des Lernerfolgs garantieren.

Zufälligkeiten bei der Aus- und Weiterbildung werden weitgehend ausgeschaltet, wenn für jede Unterweisung exakte Lernziele formuliert werden. Auf sie beziehen sich alle weiteren Entscheidungen über Inhalt, Ablauf und Kontrolle einer Unterweisung. Lernziele sind somit eine wesentliche Voraussetzung, um Ausbildungsmaßnahmen im Rahmen eines Lernsystems durchführen zu können:

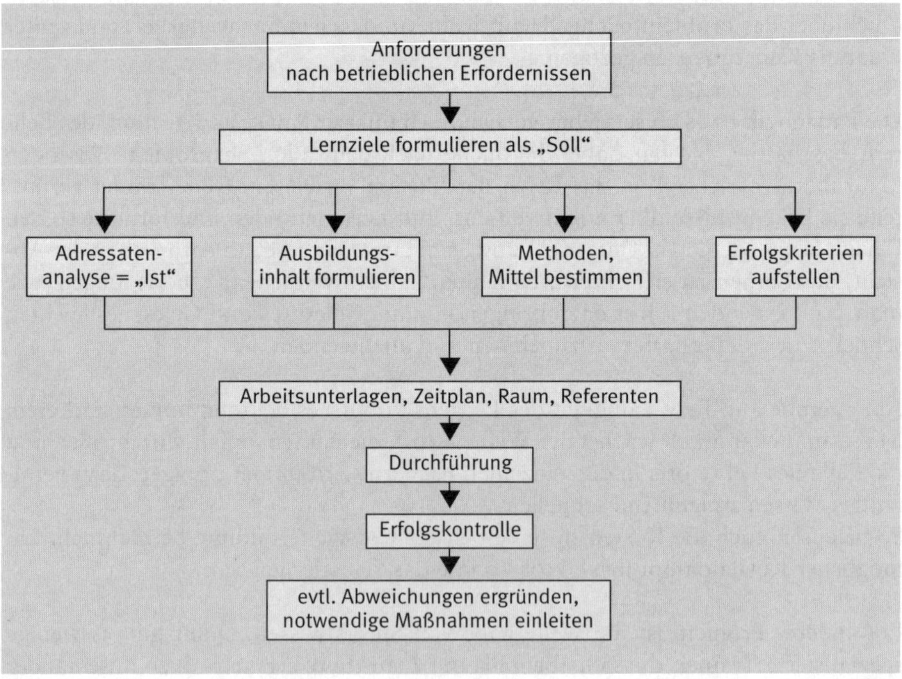

Abb. 3 Lernsystem

Es empfiehlt sich, in der Formulierung der Lernziele eine bestimmte Reihenfolge einzuhalten, die etwa mit dem Grundsatz „vom Allgemeinen zum Konkreten" verglichen werden kann:

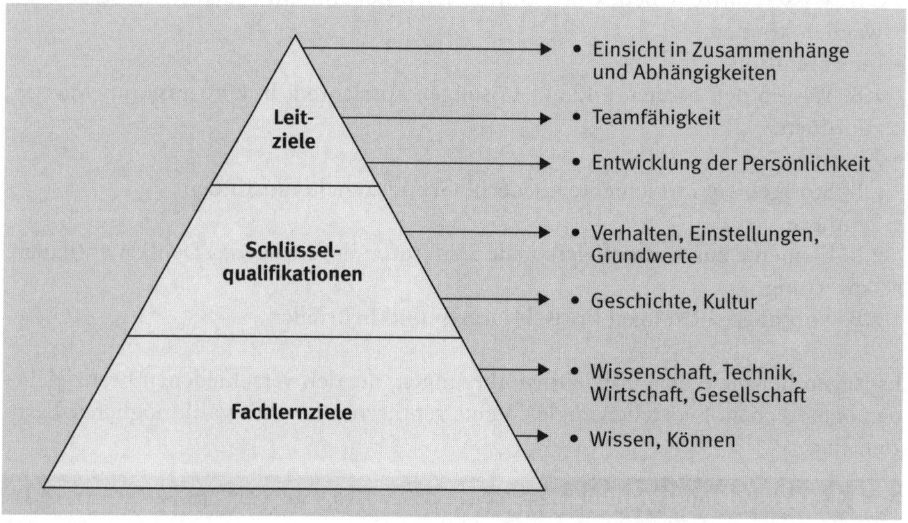

Abb. 4 Lernzielebenen

Die Unterscheidung nach Leitziel, Schlüsselqualifikation und Fachlernziel entspricht der betrieblichen Praxis, wonach sich der Lehrstoff einer Ausbildungsmaßnahme in mehrere Teilbereiche gliedert, die für sich wieder im Einzelnen bestimmbare Kenntnisse, Fertigkeiten und Einstellungen erfordern.

Formulierung von Lernzielen

Lernziele tragen dazu bei, dass Zufälligkeiten vermieden werden. Sie motivieren die Teilnehmer, weil sie von Anfang an wissen, was sie können müssen. Um das angestrebte Endverhalten eindeutig zu beschreiben, genügt es nicht festzulegen, dass der Teilnehmer nach der Präsentation „Wissen" wiedergeben soll. Lernziele müssen vielmehr eine Unterscheidung entsprechend der Qualität erlauben, nach der Kenntnisse und Fertigkeiten zu erwerben sind.

Die Gliederung der Lernziele folgt dem Ordnungssystem von R. Dubs, das im kognitiven Lernbereich eine Gewichtung des zu bestimmenden Endverhaltens in 6 Stufen vorsieht, die wie folgt aufeinander aufbauen:

- Wissen
  z.B. Kenntnisse erwerben und nachweisen.
- Anwendung
  z.B. Wissen hinzuziehen, Unbekanntes nach Bekanntem bearbeiten, Gesetze anwenden können.
- Interpretation
  z.B. Wissen neu ordnen und auf Lösungen ausrichten, Inhalte zusammenfassen, zuordnen.
- Analyse
  z.B. Stoffgebiete in Elemente gliedern, Grundsätze herausfinden.
- Synthese
  z.B. Elemente zusammenfügen, neue Strukturen durch eigenes Denken aufbauen.
- Bewertung
  z.B. Vorgänge, Lösungen kritisch messen und beurteilen.

Es folgen Beispiele für Lernzielformulierungen, die den verschiedenen Lernzielebenen entsprechen. Sie stellen zugleich eine repräsentative Auswahl möglicher Lernziele dar.

X Lernzielformulierungen

Der Teilnehmer soll unter Angabe
- der Zeit
- der Quantität
- der Qualität
- der Hilfsmittel

o.ä.

Leitziele		
	Teamfähigkeit	entwickeln
	Selbstständigkeit	fördern
	Mitarbeiter	verstehen
	Stereotypen	abbauen
	Konflikte	bewältigen
	Zusammenhänge	erkennen
	Alternativen	aufzeigen
Schlüsselqualifikationen		
	Sachlichkeit	erreichen
	Ausgangslagen	analysieren
	Fragen	formulieren
	Abgrenzungen	vornehmen

	Unternehmensziele	kennen
	Unternehmensformen	unterscheiden
	volkswirtschaftliche Bedeutung	beurteilen
Fachlernziele		
	Arbeitsabläufe	beschreiben
	Zeichnungen	lesen
	Unterlagen	auswerten
	Kontrollen	durchführen
	Daten	entnehmen
	Formulare	ausfüllen
	Termine	überwachen

2.2 Verbale und nonverbale Kommunikation

Ein Gespräch besteht aus dem Austausch von Botschaften. Auch wenn zwei (Gesprächs-)Partner schweigen, senden sie Botschaften aus! Denn auch wenn sie schweigen, „sprechen" sie – mit ihrem Körper.
Das heißt, Sie sprechen immer! Sie können nicht nicht-kommunizieren.

Inhalts- und Beziehungsebene

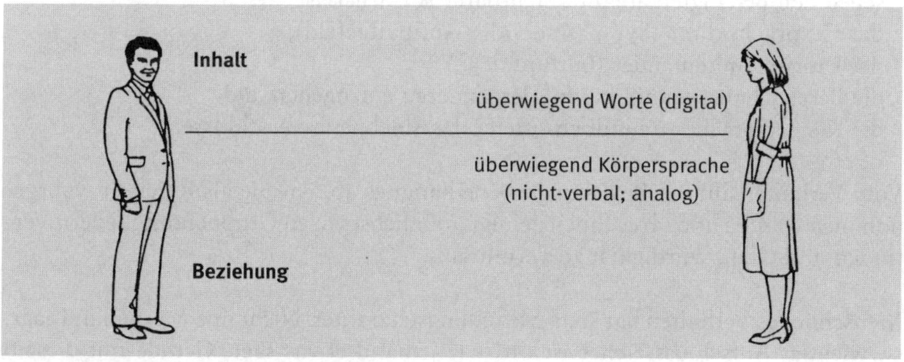

Abb. 5 Inhalts- und Beziehungsebene in der Kommunikation

- Signale der Inhaltsebene liefern Informationen.
- Signale der Beziehungsebene liefern Informationen über Informationen.

Beispiel:

„Das ist ja ein tolles Wetter!“ – Mit dieser Aussage ist nicht gesagt, ob das Wetter schön oder schlecht ist. Wie das Wetter wirklich ist, erfährt man erst, wenn man die Beziehungsebene kennt (wenn man weiß, ob die Stimme ironisch, ärgerlich, frohlockend ist ...).

Moderatoren und Referenten haben in vielfältigen Situationen Überzeugungsarbeit zu leisten. Dabei ist in besonderer Weise rhetorisches Geschick gefordert. Im Wesentlichen geht es immer darum, andere Menschen durch eine sachlich fundierte, psychologisch gesteuerte und sozio-emotionale Wirkung zu überzeugen.
Immer, wenn Menschen miteinander sprechen, lassen sich zwei fundamentale Dimensionen unterscheiden: die Sach- und die Beziehungsebene.

- Der rational logische Teil ist der Sachebene zuzuordnen;
  bestimmende Faktoren sind hier:
  Intellekt,
  Fachwissen,
  Analysefähigkeit und
  Gedächtniskraft.

- Zur Beziehungsebene gehört alles, was gruppendynamisch und emotional zwischen den Beteiligten abläuft. Sichtbarer Ausdruck ist
  das Gesprächsklima (Sympathie- oder Antipathiefeld),
  der Umgang miteinander (fair/unfair),
  die Bereitschaft zuzuhören, auf den anderen einzugehen und
  die Körpersprache (freundlich-offen oder ablehnend-verschlossen).

Vom Verhalten auf der Beziehungsebene hängt es ab, wie Sie als Referent wahrgenommen werden und ob es Ihnen gelingt, möglichst vielen Gruppenmitgliedern Vertrauen und Glaubwürdigkeit zu vermitteln.

Menschliches Verhalten hat stets Mitteilungscharakter. Nicht nur was jemand sagt, ist wichtig. Aufschlussreicher ist oft, wie jemand etwas sagt. Gerade mit diesem „Wie“ beeinflussen wir uns (gewollt oder nicht gewollt) ständig.
Menschen tauschen – wie oben schon ausgeführt – gleichzeitig auf zwei Ebenen Signale aus: Dies ist die Inhalts- oder Sachebene.
Zwischen Gesprächspartnern, die sich über ein Thema austauschen, gibt es immer auch eine zwischenmenschliche Beziehung, die ausdrückt: „So stehen wir zueinan-

der, so gehen wir miteinander um." Diese zwischenmenschliche Beziehung schwingt ständig unausgesprochen (nonverbal) mit, etwa im Tonfall, in der Mimik, in der Gestik, einfach darin, wie man miteinander umgeht. Sie drückt z.B. Wertschätzung oder Geringschätzung, Bevormundung oder Partnerschaft aus.
So werden Argumente oft nur deswegen von jemandem abgelehnt, weil man ihn/sie als Gesprächspartner nicht akzeptiert. Waghalsige Meinungen werden vertreten, vielleicht sogar gegen die eigene Überzeugung, nur um sich von einem Gesprächspartner abzugrenzen. So mancher vermeintliche Streit ist in Wirklichkeit gar kein Sachstreit, sondern eine versteckt ausgetragene Störung der zwischenmenschlichen Beziehung.
Damit kein Missverständnis aufkommt:
Nicht jede Sachauseinandersetzung ist immer auch ein verstecktes Beziehungsproblem. Es gibt auch in guten Beziehungen Meinungsverschiedenheiten, die ausschließlich sachlich bestimmt sind.

2.2.1 Die Körpersprache

Die Körpersprache, die einen – den nonverbalen – Teil der gemeinsamen Kommunikation darstellt, lässt sich an folgenden Dingen entschlüsseln:

- Körperhaltung offen/geschlossen:
  Eine offene Körperhaltung zeigt sich in bequemer lockerer Haltung, die Arme und Beine vom Körper weggestreckt. Sie signalisiert Sicherheit, Dominanz, Überlegenheit.
  Eine geschlossene Körperhaltung äußert sich z.B. in vor dem Körper verschränkten Armen (Bildung einer Barriere), fest an den Körper gepressten Unterlagen. Sie signalisiert Unsicherheit, Schutzbedürfnis, Unterlegenheit.

- Körperhaltung zugewendet/abgewendet:
  Wer seinen Körper vom Gesprächspartner abwendet, will dem anderen oft wenig „Angriffsfläche" bieten, die eigene Mimik verstecken (Unsicherheit).
  Wer sich dem Gegenüber hingegen zuwendet, sich von vorn zeigt, hat nichts zu verbergen, kann es sich leisten, sich voll zu zeigen (Sicherheit).

- Blickkontakt/Blickunterbrechung:
  Unsichere Menschen, die sich unterlegen fühlen, weichen meist dem direkten Blickkontakt des Gesprächspartners aus.

- Nähe/Distanz zum Gesprächspartner:
  Welche Entfernung man zum Gesprächspartner wählt, hängt oft davon ab, wie stark, sicher, überlegen man sich fühlt.
  Große Entfernung lässt eher auf Unsicherheit, Nähe eher auf Sicherheit schließen, wenn sie eine gewisse Grenze nicht unterschreitet. Allzu große Nähe kann auch auf Dominanz und Manipulation hindeuten.

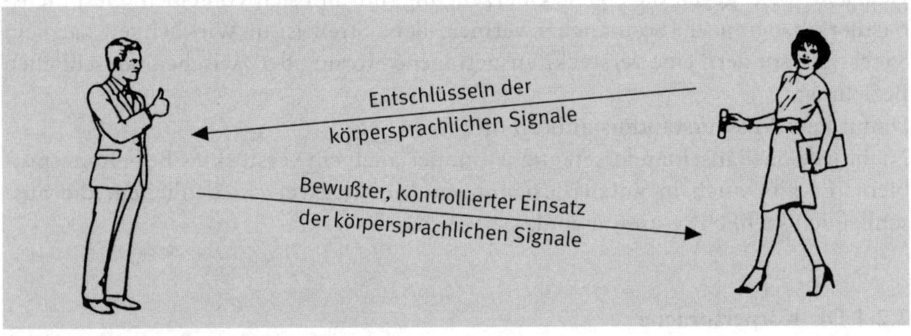

Abb. 6 Die Körpersprache benutzen und verstehen

Wer die Körpersprache richtig verstehen will, muss diese entschlüsseln können. Entschlüsseln heißt richtiges Wahrnehmen der Signale und sich rückversichern. Erst die Einstellung auf den Gesprächspartner sichert die notwendige gemeinsame Basis, auf der eine zielorientierte Argumentation möglich ist.
Alle Deutungen der Körpersprache sollten nur in Verbindung mit anderen Wahrnehmungen verwendet werden, da es sonst leicht zu Fehlinterpretationen kommt.

2.2.2 Die vier Verständlichmacher

Die folgenden Prinzipien könnte man auch als das „Salz in der Informationssuppe" bezeichnen. Ein bisschen „würzen" ist sicher gut, aber achten Sie darauf, dass es nicht zu viel wird, vor allem, wenn Sie diese Prinzipien gezielt einsetzen wollen. Es ist eine Gratwanderung, bei der Sie leicht ins „Manipulieren" abrutschen können!

Einfachheit
Dieser erste „Verständlichmacher" ist in der Regel am wichtigsten: Wählen Sie einfache Formulierungen! Eine Mitteilung kann einfach oder kompliziert formuliert sein, obwohl sie im Wesentlichen den gleichen Sachverhalt ausdrückt. Einfach heißt:

- kurz, anschaulich, bildhaft
- mit bekannten Worten

Ordnung/Gliederung
Hier wird der Aufbau einer Mitteilung angesprochen, d.h. ihre innere Folgerichtigkeit (Ordnung) und – bei gedruckten Texten – ihre äußere Übersichtlichkeit (Gliederung). Je länger eine Mitteilung, desto wichtiger ist dieser zweite „Verständlichmacher". Geordnet/gegliedert heißt:
- übersichtlich
- wichtige Teile hervorgehoben
- folgerichtig
- zusammenhängend

Kürze/Prägnanz
„Fasse dich kurz!" ist eine gute Regel, auch wenn ein „Telegrammstil" übertrieben wäre. Wenn Sie weitschweifig reden, verliert der Teilnehmer/die Teilnehmerin schnell den „roten Faden", und die Aufmerksamkeit sinkt.

Anregungen/Stimulanz
Unter diesem vierten „Verständlichmacher" sind alle Schritte zusammengefasst, mit denen Sie Ihre Gesprächspartner dazu anregen können, sich persönlich eingebunden zu fühlen:
- auf die Teilnehmer eingehen
- eine gemeinsame Basis schaffen
- schonend kritisieren und Interesse wecken

2.2.3 Die richtigen Fragen stellen

Fragen sollen Denkanstöße vermitteln und zum Mitmachen anregen. Sie können das Problembewusstsein erhöhen und das Finden von Argumenten und Lösungen erleichtern. Durch Fragen können Sie:
- auf das Vorwissen, die Bedürfnisse und Widersprüche der Teilnehmer eingehen und diese sichtbar machen.
- erkennen, inwieweit Einzelmeinungen auch Gruppenmeinung sind.
- Rückkopplungs- und Einigungsprozesse erleichtern.
- jedem Teilnehmer die Chance zur Artikulation seiner Ansichten geben.
- den Lernbedarf einer Gruppe aufdecken.
- Stimmungen transparent machen.

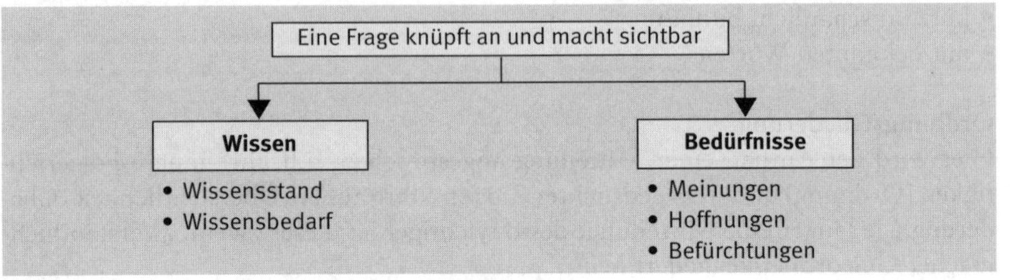

Abb. 7 Inhalts- und Beziehungsebene von Fragen

Fragetechnik

Je nachdem, welchen Zweck wir als Vortragende verfolgen, ist es wichtig, die Wirkungen und Reaktionen der verschiedenen Fragetechniken beim Publikum zu kennen. Erst dann können wir diese zielgerichtet einsetzen.

- Rhetorische Fragen sind eine einfache Frageform. Sie können zu neuen Gedanken weiterführen und nachdenklich machen. Sie müssen nicht vom Publikum beantwortet werden, dies macht der Fragende selbst. Rhetorische Fragen sind somit auch ein Stilmittel in Vorträgen und Referaten. Zum Beispiel:
  Formulierung als Behauptung: *„Wir verlieren ständig an Einfluss!"*
  Alternative Formulierung als rhetorische Frage: *„Verlieren wir nicht ständig an Einfluss?"*
- Geschlossene Fragen können nur mit ja oder nein beantwortet werden. Sie erleichtern die Kommunikation mit wortkargen Gesprächspartnern, sollten aber in Diskussionen, in denen es um das Äußern unterschiedlicher Meinungen geht, vermieden werden. Zum Beispiel:
  „Haben Sie …?"
  „Brauchen Sie …?"
  „Schaffen Sie es bis …?"
- Offene Fragen können nie mit ja oder nein beantwortet werden. Es sind die so genannten W-Fragen. Sie eignen sich damit besonders gut, um Hintergründe, Meinungen und Standpunkte der Präsentationsteilnehmer zu erfahren. Zum Beispiel:
  „Wie gefällt Ihnen … ?"
  „Was haben Sie …?"
  „Warum möchten Sie …?"
- Suggestivfragen sind Fragen, die bereits eine Meinung enthalten. Sie haben manipulativen Charakter. Der Kommunikationswert besteht in der Stimmungsmache. Zum Beispiel:
  „Sie sind doch auch der Meinung, dass …?"

Schlechte Fragen

Ob eine Frage gut oder schlecht ist, hängt oft von der Situation und dem Kontext ab. Schlechte Fragen unterbinden die Kommunikation, weil auf sie keine echten Rückmeldungen erfolgen. Oft sind sie keine wirklichen Fragen, sondern wollen den Befragten zu einer bestimmten Antwort bewegen, die schon vorher als Tatsache angenommen wird. Damit schüchtern sie den Befragten ein bzw. drängen ihn zu einem Verhalten, das nicht der Wirklichkeit entspricht.

Schlechte Fragen
- haben Suggestiv-Charakter,
- fordern Ja-/Nein-Antworten heraus,
- fordern Beweisantritt,
- sind sachlich hochspezialisiert und
- lenken das Interesse auf Tagesprobleme.

X Beispiele für schlechte Fragen

Sie sind doch auch der Ansicht, dass wir so vorgehen sollten? (suggestiv)
Alle Experten kommen zu diesem Ergebnis. Teilen Sie diese Auffassung? (manipulativ)
Haben Sie das gestern noch erledigt? (geschlossen)
Schaffen Sie diesen Auftrag rechtzeitig? (einengend)
Das ist doch nicht so schlimm, oder? (bagatellisierend)
Ist das Ihr Ernst? (wertend)
Soll ich mich hier zu Tode arbeiten? (rhetorisch)

„Schlechte" Fragen sind Kampfmittel, die nur in Ausnahmesituationen gebraucht werden sollten. Der Referent und Moderator sollte sie jedoch möglichst vermeiden.

Gute Fragen

Gute Fragen erleichtern und beleben hingegen die Kommunikation. Es sind meist offene, völlig unbefangene Fragen. Der Fragesteller ist an der echten Meinung der Befragten interessiert. Diese sollen ihre Standpunkte unbefangen äußern können.
Gute Fragen
- machen die Gruppe auf deren Antwort neugierig,
- werden gern und spontan beantwortet,
- schaffen Gruppentransparenz (Wie stehen die anderen dazu?),
- berühren gemeinsame Interessen,

- beziehen das „Ich“ der Teilnehmer ein,
- ermöglichen der Gruppe, einen empfundenen Sachzwang zurückzustellen und
- haben einen strategischen Bezug.

Gute Fragen sind auch daran zu messen, ob sie zu Antworten führen, die
- nicht abschließen, sondern weiterführen,
- Ziele offen legen,
- Wünsche verdeutlichen,
- Willens- und Handlungserklärungen enthalten,
- Gruppenleistungen anerkennen,
- mit einer neuen Frage enden.

Beispiele für gute Fragen

Worauf kommt es Ihnen hier besonders an?
Worauf legen Sie großen Wert?
Was halten Sie für das Wichtigste?
Was schlagen Sie vor?
Welche Lösung sehen Sie?
Wie würden Sie vorgehen?

Zu guten Fragen kommt es nur, wenn in der Gruppe eine kooperative Stimmung herrscht. Denn nur in einem offenen Klima hat niemand Angst, auch eine scheinbar unsinnige oder dumme Frage zu stellen, und so kommt es zu einem regen, echten Informations- und Meinungsaustausch, von dem jeder Einzelne wie die gesamte Gruppe profitiert.

Zehn Regeln für die Fragetechnik

1. Die Frage muss neugierig machen.
2. Die Frage muss den Befragten persönlich ansprechen.
3. Es sollen Meinungsstreuungen sichtbar werden. Bei eindeutigen Antworten war die Frage zu banal.
4. Die Frage muss unmissverständlich formuliert sein.
5. Die Frage muss gut visualisiert sein.
6. Bei der Antwort auf Tempo drängen.
7. Zu vermeiden sind:
   - wertende Fragen,
   - Suggestivfragen,
   - peinliche Fragen,
   - geschlossene Fragen.

8. Antworten durch das Plenum interpretieren lassen.
9. Die Frage muss weiterführen.
10. Bei Widerstand gegen eine Frage:
    - Möglichkeit der Stimmenthaltung anbieten,
    - das Plenum bitten, rasch zu antworten und erst dann diskutieren,
    - Verbesserungsvorschlag durch das Plenum aufgreifen, Frage fallen lassen.

2.2.4 Konfliktsituationen meistern

In der Psychologie, aber auch allgemein, spricht man von Konflikten dann, wenn zwei Elemente gleichzeitig unvereinbar sind. Diese Spannungszustände lassen sich durch verdeckte oder offene Gegensätzlichkeiten kennzeichnen.

✔ Zehn mögliche „Konfliktmacher“

1. Befehlen, anordnen, bestimmen
2. Warnen, versprechen, drohen
3. Moralisieren, predigen, an die Pflicht erinnern
4. Ratschläge erteilen
5. Belehren, dozieren
6. Kritisieren, missbilligen, zurechtweisen
7. Beschimpfen, lächerlich machen, herabsetzen, beschämen
8. Analysieren, diagnostizieren
9. Beschwichtigen, ablenken
10. Ausfragen

(Quelle: nach Gordon, Managerkonferenz, 1995)

✔ Zehn Typen von konflikterzeugenden Aussagen

1. Sie müssen ...
   Sie sollen ...
2. Ich rate Ihnen ...
   Wenn Sie das nicht tun, dann ...
3. Es wäre besser ...
   Es ist Ihre Pflicht ...
4. Ich würde das und das tun ...
   Es wäre am besten für Sie, wenn ...

5. Ist Ihnen klar, dass ...
   Da irren Sie ...
6. Es ist verrückt, was Sie da tun ...
   Sie denken nicht klar ...
7. Wer hat Sie überhaupt angestellt?
   Nun haben Sie uns das verpatzt ...
8. Was Sie brauchen, ist ...
   Damit wollen Sie ja nur sagen, dass ...
9. Machen Sie sich keine Sorgen ...
   Wir können das später besprechen ...
10. Warum haben Sie ...
    Wer ..., Was ..., Wie ...

Schärfen Sie als Referent Ihren Blick für Warnsignale

Konflikte entstehen meist nicht aus heiterem Himmel, sondern kündigen sich vorher an. Oft werden diese Warnsignale nicht wahrgenommen oder übergangen. Dabei kann man viele Konflikte entschärfen oder gar verhindern, wenn man schon beim ersten Anzeichen einschreitet.
Warnsignale für mögliche Konflikte sind z.B.:

- Trotz: „Jetzt-erst-recht"-Haltung
- Sticheln: andere verhöhnen, aufziehen
- Flucht in utopische Ideen, Tagträumereien oder Krankheit
- Verkrampfung, Angst
- Fehler anderen in die Schuhe schieben
- „Mir-ist-alles-egal"-Haltung
- Rückfall in kindliche Verhaltensweisen (weinen, schmollen, sich als Clown aufspielen)
- Zu allem ja sagen, anderen nach dem Mund reden
- Unangemessene und übertriebene Freundlichkeit
- Zahlen frisieren, die Wirklichkeit zurechtbiegen
- Etwas nicht wahrhaben wollen
- Übertriebene Rückversicherung, sich hinter anderen verstecken wollen.

Neben dieser Wahrnehmung von Konflikten sind folgende Eigenschaften Voraussetzungen, um Konflikte konstruktiv lösen zu können:

Konfliktwahrnehmung
▼
Bewusstmachen von Empfindungen
▼
Fähigkeit, Gefühle zu äußern
▼
Sprachliches Verständigungsvermögen
▼
Bereitschaft zum Gespräch

Nutzen Sie „Ich-Botschaften" statt „Du/Sie-Botschaften"

Du-/Sie-Botschaften sind häufig schuldzuweisend, z.B.:
Sagen Sie mal ..., Hören Sie doch zu ...
Was erlauben Sie sich ...?, Da irren Sie sich aber ...
Wie konnten Sie nur ...?, Sie haben vielleicht Probleme ...
Du-/Sie-Botschaften wirken daher konfliktverschärfend.

Ich-Botschaften sind einfühlend und helfen meist weiter:
Ich meine ..., Ich fühle mich ...
Ich halte ... für sinnvoll ..., Ich empfinde ...
Ich kann gut verstehen, dass ..., Ich bin enttäuscht ...
Ich-Botschaften wirken konfliktlösend.

Verhaltensregeln für Konfliktsituationen (nach E.Crisand, in: Berkel, Konflikttraining, 2002):

Kongruenz und Echtheit bedeuten, dem Teilnehmer aufrichtig zu begegnen:
„Mich interessiert dein Problem".
Das Verhalten muss echt und transparent sein, es darf nicht aufgesetzt sein, es darf keine seelenlose „Technik" sein.

Der Gesprächsführer muss versuchen, den Partner und sein Verhalten wirklich zu verstehen (das Problem soll nicht aus der eigenen Warte, sondern aus der des Gesprächspartners gesehen werden).

Einfühlendes, nicht-wertendes Verstehen beinhaltet, mit dem Teilnehmer fühlen:
„Ich verstehe, warum Du Dich so verhältst".
Der Referent/Moderartor sollte sich bemühen,
- den inneren Bezugsrahmen des Gesprächspartners zu erkennen.

- sein Verhalten zu verstehen, auch wenn er es nicht akzeptieren kann.
- „in die Haut des Gesprächspartners zu schlüpfen".
- die Umwelt so zu erkennen, wie der Gesprächspartner sie wahrnimmt.

Den Teilnehmer annehmen, wertschätzen, ihn achten:
„Du interessierst mich als Person".
Der Referent/Moderartor muss vermitteln, dass er

- den Teilnehmer in seiner Art akzeptiert und annimmt.
- den Teilnehmer nicht allein lässt.
- den Teilnehmer und das Gespräch auch für sich als Trainer für wichtig hält.

2.2.5 Richtig zuhören

Viele Konfliktsituationen entstehen auch, weil der Referent nicht zuhören kann und der Teilnehmer auf seine Beiträge nicht das gewünschte Feedback erhält.

Zehn Unarten beim Zuhören

1. Der Zuhörer wertet die Sache sofort als uninteressant ab.
2. Er ist durch Sprache und Gestik des Sprechers voreingenommen.
3. Er nimmt eine Aussage als Ausgangspunkt für gedankliche Ausflüge.
4. Er hört nur die Fakten.
5. Er versucht, sich alles auszumalen.
6. Er lässt in der Aufmerksamkeit für den Sprecher nach.
7. Er lässt sich durch andere Dinge ablenken.
8. Schwierige Dinge werden nicht aufgenommen.
9. Durch emotionsgeladene Worte werden feindselige Gefühle geweckt.
10. Er gibt sich Tagträumereien hin.

✔ Regeln für richtiges Zuhören

1. Kristallisieren Sie aus der Masse der Informationen das zentrale Thema heraus.
2. Lassen Sie sich komplizierte Fremdwörter übersetzen. Fragen Sie nach, wenn Sie etwas nicht verstehen oder ein Wort nicht kennen.
3. Überprüfen Sie Ihre Einstellung zum Thema. Wenn Ihre Einstellung schon vorher feststeht, werden Sie vieles überhören.
4. Stellen Sie sich auf das, was Ihnen „gesendet" wird, ein.

5. Denken Sie daran, dass Sie viermal schneller aufnehmen können, als der Redner sprechen kann.
6. Überdenken Sie noch einmal, was der Sprecher gesagt hat und was er nicht gesagt hat.
7. Strukturieren Sie das, was er gesagt hat (ziehen Sie eine gedankliche Summe).
8. Achten Sie auf die nonverbalen Kommunikationssignale (Mimik, Gestik, Körperhaltung).
9. Denken Sie voraus, aber bleiben Sie am Ball.
10. Achten Sie auf emotionsgeladene Worte, sie wecken feindselige Gefühle.
11. Versuchen Sie zu vermeiden, dass Ihre Gefühle die Kommunikation beeinträchtigen (Emotionale Filter können wichtige Aussagen blockieren.).
12. Registrieren Sie, wenn sich Tonfall oder Lautstärke ändern.
13. Fassen Sie bei Dialogen das, was gesagt worden ist, noch einmal zusammen (in Frageform, z.B. „Habe ich Sie richtig verstanden, dass ...?“).
14. Hören ist ein aktiver Prozess. Vermeiden Sie aber unnötige Unterbrechungen, z.B. vorschnelle Ratschläge.

(Quelle: nach L. Jones, in: Gordon, Managerkonferenz, 1995)

Wer seinem Gesprächspartner richtig zuhören will, muss selber aktiv werden. Denn Zuhören ist keinesfalls eine passive Tätigkeit.
Aktives Zuhören heißt, dem anderen mitzuteilen, wie seine Aussage angekommen ist, d.h. wie wir sie interpretieren. Es besteht nicht aus einer reinen Wiederholung des Gesagten.
Aktives Zuhören heißt auch, sich vorsichtig an das, was der Partner sagt, heranzutasten. Mögliche Satzanfänge dazu sind:

- *Sie denken, dass ...*
- *Sie haben das Gefühl, dass ...*
- *Es scheint Ihnen ...*
- *Ich glaube zu verstehen, dass Sie ...*
- *Sie glauben, dass ...*

2.2.6 Rückmeldung geben

Gut zuhören heißt gleichzeitig auch Rückmeldung geben können. Rückmeldungen sind Reaktionen unserer Umgebung auf unser Verhalten; sie machen deutlich, wie man uns sieht, was man von unseren Meinungen hält. Rückmeldungen geben Ihnen als Sprecher das Gefühl, verstanden oder nicht verstanden zu werden. Der Teilnehmer verfolgt im Gegenzug Ihre Rückmeldung und hört, ob das, was er Ihnen sagen wollte, auch bei Ihnen angekommen ist. Wenn nicht, wird er Sie korrigieren. Hier sind zehn Regeln für gutes Rückmelden:

1. Konzentrieren Sie sich voll und ganz auf den Teilnehmer und versuchen Sie, seinen Standpunkt zu verstehen.
2. Lassen Sie ihn über sich selbst reden.
3. Nehmen Sie Augenkontakt mit ihm auf während er spricht.
4. Teilen Sie Wahrnehmungen, Vermutungen und Gefühle mit bzw. zeigen Sie Mitgefühl.
5. Beachten Sie die Informationskapazität des Teilnehmers.
6. Beziehen Sie sich auf ein ganz konkretes Verhalten in einer ganz bestimmten Situation.
7. Stellen Sie öfter in einem freundlichen Ton Zwischenfragen.
8. Sagen Sie, was Sie sehen, hören, denken und fühlen.
9. Wenigstens ein „Aha" oder „Hm" sollten Sie ab und zu einstreuen.
10. Sorgen Sie dafür, dass der Teilnehmer ungestört und in Ruhe zuhören kann.

2.3 Unfaires Verhalten abwehren

Auch durch noch so gute Sprech- und Fragetechnik können Sie sich nicht immer vor unfairen Tricks schützen. Das Spektrum für mögliche Attacken aus dem Publikum ist vielfältig. Ziel ist immer, die Glaubwürdigkeit des Referenten zu erschüttern. Die folgende Tabelle stellt die wichtigsten Taktiken vor und zeigt, wie Sie sich gegen sie wehren können.

Unfaires Verhalten	Abwehrmaßnahmen
Emotionalisierung	
Emotionalisierende Taktiken sind: 1. Persönliche Angriffe, Beleidigungen oder Verleumdungen, die Unterstellung persönlicher Interessen und unlauterer Motive. 2. Man macht Sie persönlich verantwortlich für Fehlentwicklungen und Mißstände.	Oberstes Gebot: Ruhe, Gelassenheit und Selbstdisziplin. Sie gewinnen aus der Sicht der Teilnehmer, wenn Sie sich nicht die emotionale Stimmung, die Lautstärke und die Unfairneß des Kritikers aufdrängen lassen.

Unfaires Verhalten	Abwehrmaßnahmen
Bestreiten der Fachkompetenz	
Die Taktik, dem Referenten mangelnde Sachkunde und unzureichende Fachkompetenz vorzuwerfen, geschieht nicht selten unter Berufung auf dessen berufliches Spezialgebiet. ***Beispiel:*** *„Verfügen Sie als Kaufmann über den notwendigen Sachverstand, um diese komplizierten technischen Fragen beurteilen zu können?“*	Lassen Sie sich auf keine Kompetenzdiskussion ein, konzentrieren Sie sich auf Sachargumente. Eine weitere Möglichkeit besteht darin, in die Offensive zu gehen und dem Gegenüber Sachfragen zu stellen, die dessen Kompetenz überschreiten.
Das Problem simplifizieren	
Der Kritiker vereinfacht das zugrunde liegende komplexe Problem und seine Ursachen. So kann er Lösungsvorschläge anbieten, die aber völlig unrealistisch sind und anderen Prüfkriterien wie Finanzierbarkeit, Effizienz, Vereinbarkeit mit übergeordneten Normen nicht standhalten.	Widerlegen Sie die Vereinfacher mit allem Nachdruck! Wenden Sie sich gegen monokausale Erklärungen und Patentlösungen, die es bei komplexen Fragen nicht geben kann. Machen Sie sich stark für eine differenzierte Analyse! Führen Sie Fakten und wissenschaftliche Befunde in die Diskussion ein. Stützen Sie sich im Zweifel auf anerkannte Fachleute, die die übrigen Teilnehmer für interessenunabhängig halten.
Übertreibung	
Man übersteigert Ihre Aussage, zum Beispiel die Konsequenzen Ihrer Lösungsvorschläge, und versucht so, Sie unglaubwürdig oder lächerlich zu machen. Ein vernünftiger Gedanke wird durch phantasievolle Folgerungen so übertrieben, daß ein unsinniges Ergebnis dabei herauskommt.	Nennen Sie die Taktik der Übertreibung beim Namen. ***Beispiel:*** *„Sie sind offenbar ein recht phantasievoller Mensch. Extreme Szenarien und Bilder bringen uns aber hier nicht weiter. Darf ich unser Ausgangsproblem noch einmal verdeutlichen ...“.*

Unfaires Verhalten	Abwehrmaßnahmen
Verallgemeinerung von Einzelfällen Bei dieser Spielart werden einzelne Beispiele, persönliche Erfahrungen und reale Fälle in die Diskussion eingebracht. Daraus schließt man allgemeine Entwicklungen, die klar erscheinen und zudem durch konkrete Tatsachen belegt werden, so aber trotzdem nicht unbedingt stimmen.	Wenden Sie sich mit Entschlossenheit gegen diese Taktik. Sie provoziert Denkfehler! Einzelfälle und Beispiele beweisen nie etwas, sie sind allenfalls geeignet, etwas zu erläutern und zu veranschaulichen. Zudem kann man oft mit Hilfe eines anderen Einzelfalls die These widerlegen.
Bestreiten von Tatsachen und wissenschaftlichen Ergebnissen Ziel dieser Taktik ist, den Gesprächspartner zu verwirren, seine Glaubwürdigkeit und seine intellektuelle Redlichkeit herabzusetzen und unüberlegte Reaktionen zu provozieren. ***Beispielhafte Redewendungen:*** *„Was Sie da sagen, stimmt überhaupt nicht ...“* *„Sie sind falsch informiert ...“* *„Da hat man Ihnen einen ziemlichen Unfug aufgeschrieben ...“*	Zur Vorbeugung sollte man vor jedem Vortrag alle wichtigen Fakten, Daten, wissenschaftlichen Untersuchungen und übrigen Beweismittel sorgfältig überprüfen. Dann kann man in Ruhe und Gelassenheit eine klare und einwandfreie Argumentation vortragen und gegebenenfalls auch wiederholen.
(Ungerechtfertigtes) Zitat von bekannten und anerkannten Autoritäten In der Berufung auf Autoritäten will der Kritiker den Eindruck erwecken, dass er in seinen Überlegungen und Beweisen den zitierten Persönlichkeiten folgt. Die eigene schwache Argumentation soll dadurch aufgewertet, der Gesprächspartner in die Rolle desjenigen gedrängt werden, der im Widerspruch zur anerkannten Meinung steht. ***Beispiel:*** *„In meiner Argumentation weiß ich mich einig mit ...“* *„Alle Sachkenner der Materie stützen meine Position ...“*	Drängen Sie konsequent auf eine sachbezogene Argumentation. Prüfen Sie, ob der Beitrag neue Informationen liefert: „Können Sie uns verdeutlichen, welche Sachbeiträge Ihr Zitat für die Analyse oder die Lösung des diskutierten Problems leistet?“ Fragen Sie nach der genauen Quelle und nach dem Kontext, in dem das Zitat steht.

Unfaires Verhalten	Abwehrmaßnahmen
Einbringen angeblicher neuer Untersuchungsergebnisse	
Diese Taktik zielt darauf, Ihre Argumentation durch bisher nicht diskutierte Untersuchungsergebnisse, statistische Daten oder vergleichbare Materialien abzuschwächen oder sogar zu entkräften. Eine besonders unfaire Spielart besteht darin, wissenschaftliche Fakten oder Forschernamen zu erfinden und statistische Untersuchungen zu konstruieren. ***Beispiel:*** *„Ich habe hier eine neuere Untersuchung vorliegen, die zu gegenteiligen Schlussfolgerungen kommt."*	Geben Sie offen zu, dass Sie die Untersuchung nicht kennen und daher im Moment auf eine Bewertung verzichten müssen. Weisen Sie darauf hin, dass es eine Vielzahl wissenschaftlicher und „quasiwissenschaftlicher“ Untersuchungen zum Thema gibt und dass Sie sich für diejenigen entschieden haben, die sich durch Interessenunabhängigkeit, Seriosität, hohe wissenschaftliche Standards und Reputation auszeichnen.
Während der Diskussion tauchen Annahmen und Vermutungen auf (etwa hypothetische Fragen oder vorgestellte Szenarien).	Überprüfen Sie die Prämissen des Wenn-Satzes Ihres Gegenübers. Zeigen Sie durch handfeste Argumente, warum Ihre Annahmen wahrscheinlicher sind als die vorgetragenen. Wehren Sie uferlose „Sandkastenspiele“ und die zeitraubende Diskussion hypothetischer Situationen ab.
Der Kritiker erörtert Sachfragen auf einer wertenden Ebene.	Stellen Sie höhere Wertansprüche als Ihr Gegenüber bzw. wenden Sie sich gegen die Vermengung von Fakten und Bewertungen.
Man unterstellt Ihnen unlautere Interessen und Motive mit dem Ziel, von der Sache abzulenken und Ihre Person in Misskredit zu bringen.	Lassen Sie sich auch hier nicht provozieren. Gehen Sie in die Offensive. Machen Sie sich mit Nachdruck für einen sachbezogenen Dialog stark. „Ich schlage vor, dass wir darauf verzichten, durch Unfairness und Abqualifizierung des anderen Punkte zu sammeln. In der Sache geht es doch um Folgendes ...“

Schwierige Teilnehmer gibt es in jedem Kurs. Dabei treten immer wieder bestimmte Störtypen auf. Wie man die typischen Problemkandidaten zähmen kann, zeigt Abb. 8.

Abb. 8 Die richtige Behandlung schwieriger Seminarteilnehmer

3 Präsentationen vorbereiten

3.1 Grundsätze der Vorbereitung

Gründliche Vorbereitung ist der Schlüssel zum Erfolg jedes Referats und jeder Präsentation. Sprachliches und rhetorisches Geschick reichen allein noch nicht aus, um zu überzeugen. Daneben muss auch der Inhalt stofflich, methodisch und technisch erarbeitet werden.
So muss sich der Referent gründlich und gewissenhaft mit dem Thema vertraut machen.
Bei der Methodik überlegt er, auf welche Art und Weise er den Stoff am besten „rüberbringen" kann.
Technisch müssen die Medien bereitgestellt und auf ihre Funktionsfähigkeit überprüft werden.
Mithilfe einer guten Vorbereitung kann man Gegenargumente und Einwände rasch einordnen bzw. überprüfen. Zudem verleiht sie Sicherheit in schwierigen Situationen.
Wie können Sie sich nun am besten vorbereiten? Dazu im Folgenden einige wichtige Anregungen.

1. Teilnehmerkreis

Erzählen Sie einem technischen Laien etwas über den neuesten Entwicklungsstand in der Datenverarbeitung, so werden Sie dies anders tun, als wenn Sie einen Programmierer darüber informieren. Am Anfang jeder Vorbereitung muss daher eine genaue Analyse des Teilnehmerkreises stehen. Die folgenden Fragen helfen, den Teilnehmerkreis zu beschreiben:

✔ Analysieren Sie den Teilnehmerkreis

- Bringen alle Teilnehmer die gleichen Voraussetzungen mit, oder sind die Voraussetzungen sehr unterschiedlich? Welche Interessen sind vorhanden?
- Wie groß ist die Zahl der Teilnehmer?
- Welche Altersstufen werden überwiegen?

Die Teilnehmeranalyse ist deshalb so wichtig und an erster Stelle vorzunehmen, weil die gesamte weitere Vorbereitung auf den konkreten Teilnehmerkreis abzustimmen ist; seine Zusammensetzung, Vorkenntnisse, Interessen müssen weitestgehend berücksichtigt werden.

2. Thema und Ziel

Erst wenn Sie wissen, zu wem Sie sprechen werden, können Sie überlegen, welche Inhalte auszuwählen sind. Den Laien wird zum selben Thema etwas anderes interessieren als den Fachmann; beim einen können Sie weniger, beim anderen mehr voraussetzen.

✔ Definieren Sie das Präsentationsthema

- Wie genau ist das Thema vorgegeben? (Absprache mit dem Veranstalter, evtl. auch Absprache mit anderen Referenten.)
- Welche Inhalte haben Sie innerhalb des gegebenen Themas ausgewählt? (Dabei Zusammensetzung des Teilnehmerkreises beachten.)
- Welche Ziele sollen erreicht werden?
- Zu welcher Tageszeit und unter welchen Bedingungen sprechen Sie über einzelne Inhalte des Präsentationsthemas?
  (Ausgeruhtheit oder Ermüdung der Teilnehmer bei der Auswahl der Stoffmenge und der Wahl des Niveaus beachten.)
- Wie soll das Thema formuliert werden? (Inhaltlich richtig, aussagekräftig, interessant, ansprechend, kurzweilig.)

3. Aufbau und Gliederung

Erst wenn der Teilnehmerkreis genau beschrieben ist und die Ziele definiert sind, wenn die für den Teilnehmerkreis geeigneten Inhalte ausgewählt sind, können Sie den Aufbau vornehmen.
Dabei ist es wichtig, zunächst für sich selbst die Inhalte klar nach logischen Prinzipien zu strukturieren (etwa nach Ursache – Wirkung, Voraussetzung – Folge).
Die deutliche Gliederung der vorzutragenden Inhalte erleichtert den Überblick und ist unabdingbare Voraussetzung, um beim Zuhörer klare Vorstellungen zu wecken.

✔ Was Sie bei der Ausarbeitung beachten sollten

Folgende Punkte sollen beim Aufbau beachtet werden:

- Die Einleitung sollte Interesse und Neugier wecken.
- Der Stoff sollte in kleinen Schritten und logischer Reihenfolge aufbereitet sein.
- Wichtig sind gute Verknüpfungen mit bereits Bekanntem durch Beispiele und anschauliche Bilder.
- Um den Stoff gelegentlich aufzulockern, kann man z.B. humorvolle Beiträge oder kleine Geschichten einstreuen.
- Wichtig ist auch, dass sich die Teilnehmer durch gelegentliches Absenken der Konzentrationsbeanspruchung zwischendurch immer wieder erholen können.
- Achten Sie darauf, die Spannung während des ganzen Vortrag aufrechtzuerhalten, indem Sie z.B.
  – Höhepunkte über den ganzen Vortrag verteilen,
  – ein Problem als Frage formulieren,
  – Neugierde wecken.
- Fassen Sie jeden Präsentationsteil am Ende kurz und prägnant zusammen.

4. Lesetechnik

Die Lesetechnik während Ihrer vorbereitenden Stoffsammlung kann nur auf zwei Wegen verbessert werden:

- durch die Steigerung der persönlichen Lesegeschwindigkeit
- durch die Verbesserung der persönlichen Lesemethode.

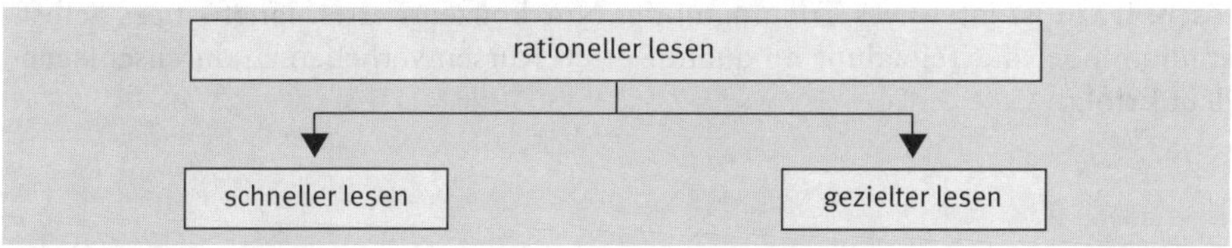

Abb. 9 Verbesserung der Lesetechnik

Schneller lesen

Die Lesegeschwindigkeit eines Normallesers – das ist ein Leser ohne ausgefeilte Lesetechnik – liegt im Durchschnitt bei etwa 200 bis 250 Wörtern pro Minute. Leser, die ihre Lesetechnik perfektioniert haben, erreichen dagegen eine zwei- bis dreimal höhere Geschwindigkeit (500–750 Wörter pro Minute). Und das, ohne dass das Auffassungsvermögen darunter leidet.

Die unterschiedliche Lesegeschwindigkeit von Normalleser und „perfektem" Leser ist darauf zurückzuführen, dass beim Normalleser „schlechte Gewohnheiten" die Leistung blockieren, z.B.:

- Buchstaben- oder silbenweises Lesen: Manche Leser lesen – wie es Ältere noch in der Schule lernten – Buchstaben für Buchstaben oder Silbe für Silbe. Das Auge „hangelt" sich von Zeichen zu Zeichen, jeder Buchstabe oder jede Silbe wird zum Haltepunkt (Fixation). Das Lesen vollzieht sich stockend, das Lesetempo bleibt niedrig.

- Lautloses Mitsprechen: Sehr weit verbreitet ist die Angewohnheit, beim Lesen innerlich und sogar mit Lippenbewegungen mitzusprechen. Das Lesetempo bleibt somit auf das Sprechtempo begrenzt.

- Wiederholendes Lesen: Viele Leser greifen beim Lesen unbewusst immer wieder auf bereits gelesene Textstellen (Wörter, Satzteile oder Sätze) zurück und lesen sie ein zweites, vielleicht sogar ein drittes Mal. Der Leser „vermehrt" künstlich den Textumfang und reduziert das Lesetempo erheblich.

- Oberflächliches Lesen: Wer ertappt sich nicht gelegentlich dabei zu lesen, ohne den Textinhalt zu erfassen („Ich habe darüber hinweg gelesen.")? Die Augen lesen, die Gedanken schweifen ab. Die im Text enthaltene Information wird nicht aufgenommen, es sei denn, man liest den Text noch einmal nach.

Wer seine Lesegeschwindigkeit steigern will, muss sich von seinen Blockierungen lösen. Dazu ist intensives Training nötig. Nur konzentriertes, langfristiges Selbststudium oder die Teilnahme an qualifizierten Kursen verhelfen zu durchschlagendem Erfolg.

✔ Gezielter Lesen

1. Sehen Sie sich den Titel an, überfliegen Sie Inhaltsangaben, Klappentext oder Kurzfassung und legen Sie beiseite, was Ihnen interessant und daher lesenswert erscheint.
   Geben Sie sofort weiter – unter Umständen an den Papierkorb –, was für Sie uninteressant ist.
   So werfen Sie bei einem Zeitaufwand von 5 bis 10 Minuten täglich fortwährend „Ballast" ab.

2. Lesen Sie zunächst gezielt – selektiv.
   Jede Textart hat einen spezifischen Aufbau:

- Bei Nachrichtentexten in Zeitungen und Zeitschriften steht die wichtigste Information am Anfang. Nebensächliches am Schluss.
- In Kommentaren ist die Schlussfolgerung des Autors, also die wesentliche Information, im Schlussabsatz zu finden.
- In Fachartikeln wird üblicherweise in der Einleitung das Problem dargestellt, zu Beginn des Hauptteils ein Lösungsweg aufgezeigt und daran anschließend die Lösung erläutert.

Kennt man diese Gesetzmäßigkeiten im Aufbau bestimmter Texte, so fällt es nicht schwer, zunächst auf die informationsträchtigen Textabschnitte zuzugreifen und dann zu entscheiden, ob man tiefer in den Text vordringen will.
Sie sparen durch gezielt selektives Lesen bis zu 80% Lesezeit.

3. Überfliegen Sie Textstellen mit offensichtlich geringem Informationsgehalt und verlangsamen Sie ihr Lesetempo bei wichtigen Abschnitten.

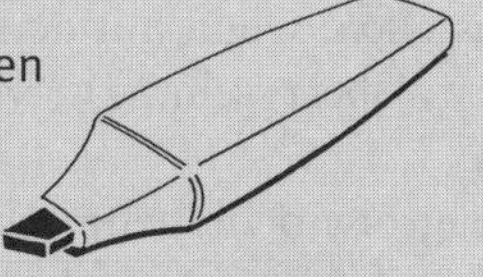

4. Markieren Sie beim Lesen sofort alle wichtigen Textstellen mit einem Textmarkerstift.
   Der Text wird dadurch transparent und Sie machen es sich selbst, wenn Sie sich den Text später noch einmal vornehmen, oder nachfolgenden Lesern leicht, sofort auf das Wesentliche zu kommen.

5. Notieren Sie Ideen, die Ihnen beim Lesen kommen und die Sie verwerten oder weiterverfolgen wollen, sofort auf Ideen-Zetteln oder in einem Ideen-Manual.
   Was nicht festgehalten ist, wird schnell vergessen!

6. Sorgen Sie dafür, dass wichtige Texte aufbewahrt werden, und zwar so, dass sie sich auch wiederfinden lassen.

5. Medien

Der jeweilige Medieneinsatz ist keine Sache des Zufalls, sondern ein wichtiger Punkt in der Vorbereitung. Anschaulichkeit fördert das Verstehen und Behalten. Deshalb unterstreichen Medien die Wirksamkeit des Vortrags erheblich (vgl. Kapitel 6). Damit müssen Sie sich überlegen:

✔ Wählen Sie die geeigneten Medien aus

- Welche Medien sind vorhanden oder können beschafft werden?
- Welche Medien eignen sich für das gewählte Thema?
- Welche Präsentationsmaterialien und -hilfsmittel sind vorhanden (Folien, Schreibblöcke, Videobänder, Flipchart, Overheadprojektor, Beamer usw.)?
- Was muss an Unterlagen für den Einsatz der Medien vorbereitet werden?

6. Unterlagen

Je nach Schwierigkeit, Bedeutung und Ziel der Lerneinheit ist zu überlegen, ob man zur Gedächtnisentlastung und besseren Konzentration den Teilnehmern schriftliches Begleitmaterial mitgeben will.
Soll der Teilnehmer mit einem Manuskript arbeiten, muss es vorher verteilt werden. Bei kleinem Teilnehmerkreis können Sie gelegentlich ein Blatt zwischendurch austeilen, wenn mit dem vorherigen Verteilen ein geplanter Effekt (etwa Prüfung, Test, Überraschung) verlorenginge.

Bei großem Teilnehmerkreis wirkt das Verteilen von Informationsblättern störend!
Wenn Sie ein Manuskript verwenden, sollten Sie überlegen:

- Welche Information muss dem Teilnehmer unbedingt schriftlich mitgegeben werden?
- Wie kann die Information knapp, eindeutig, verständlich und übersichtlich gestaltet werden?
- Wann sind die Unterlagen zu verteilen?

7. Stoffliche Begrenzung

Zur Vorbereitung gehört es auch, die Stoffmenge der zur Verfügung stehenden Zeit anzupassen.
Es ist sinnvoll, am Ende der Vorbereitung einen Sprechversuch zu machen. Die Aufnahme dieses Versuchs auf Tonband, Video oder Kassette (z.B. mittels eines Diktiergeräts) ist die beste Kontrolle. Auf diese Weise kann man nicht nur die benötigte Zeit kontrollieren, sondern auch Abschweifungen, mögliche Schwachstellen, Unklarheiten, die allgemeine Verständlichkeit, den logischen Zusammenhang u.a. prüfen. Nach dem Sprechversuch ist zu überlegen:

- Können Sie das Thema enger fassen?
- Können Sie einzelne Abschnitte weglassen?
- Können Sie Abschnitte inhaltlich kürzen?
- Haben Sie eine wesentliche Aussage vergessen?
- Verwendeten Sie genügend Beispiele und Vergleiche?
- Können Sie das Thema noch erweitern, inhaltlich anreichern?

Selten ist die Zeit vorhanden, alles anzusprechen, was zu dem betreffenden Thema gehört oder angesprochen werden könnte.
Der Stoff wird daher zweckmäßig in drei Teile eingeteilt:

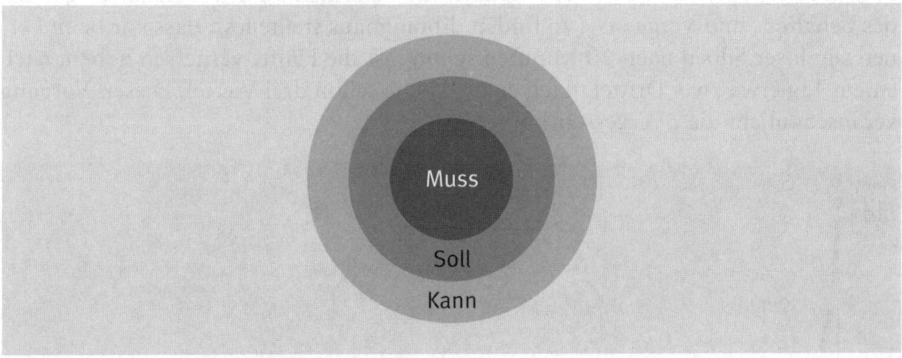

Abb. 10 Verhältnis von Muss-, Soll- und Kann-Inhalten

Muss	Soll	Kann
Was alle Teilnehmer wissen müssen (Minimalforderung). Wichtige Punkte, die von jedem Teilnehmer beherrscht werden müssen, um das Ziel zu erreichen.	Was die meisten Teilnehmer wissen sollen. Punkte, deren Kenntnis wünschenswert ist, die jedoch nicht von grundlegender Bedeutung sind. Die Mehrzahl der Teilnehmer soll sie beherrschen.	Was die Teilnehmer zusätzlich wissen können. Weniger grundlegende, aber wissenswerte Punkte, die erwähnt werden, wenn genügend Zeit zur Verfügung steht und die Aufnahmefähigkeit dafür vorhanden ist. Einzelne Teilnehmer sollen sie beherrschen. (Ansatz für die nächsthöhere Stufe der Ausbildung.)

3.2 Plan für den Ablauf

Der Psychologe Hermann Ebbinghaus war einer der Ersten, der sich systematisch mit Gedächtnisleistungen beschäftigt hat. Er bemühte sich schon im 19. Jahrhundert (sein Hauptwerk „Über das Gedächtnis" erschien 1885), Gesetzmäßigkeiten des Behaltens und Vergessens zu finden. Ebbinghaus stellte fest, dass wir beim Lernen sinnloser Silben nach 20 Minuten schon fast die Hälfte vergessen haben, nach einem Tag etwa zwei Drittel, nach einer Woche schon drei Viertel. Diesen Vorgang veranschaulicht die „Vergessenskurve".

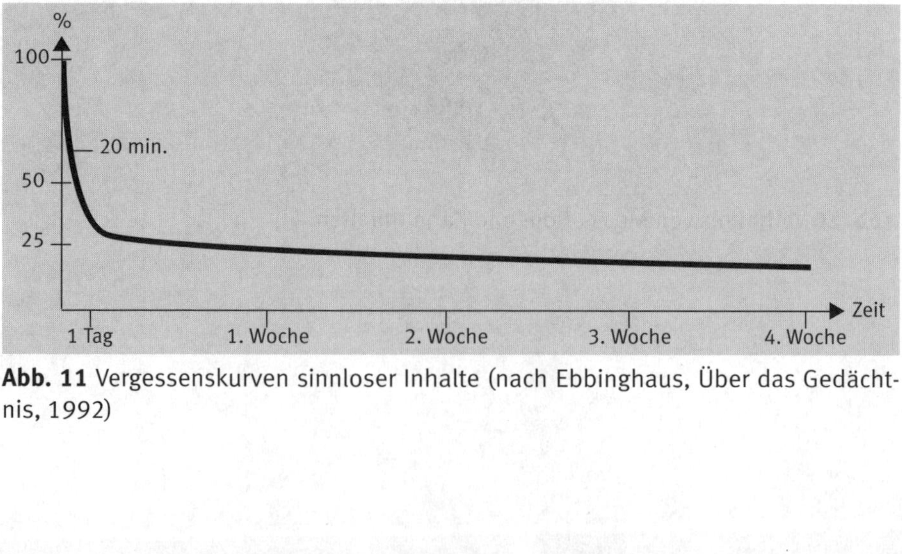

Abb. 11 Vergessenskurven sinnloser Inhalte (nach Ebbinghaus, Über das Gedächtnis, 1992)

Das Vergessen wird unter anderem wesentlich von der Sinnhaftigkeit des Lernmaterials beeinflusst. Neue Untersuchungen haben ergeben, dass z.B. Regeln und Prinzipien, die nicht nur auswendig gelernt, sondern eingesehen und verstanden wurden, kaum mehr vergessen werden.
Je sinnvoller ein Lerninhalt ist, d.h. je besser er mit bereits erworbenen Kenntnissen und Fertigkeiten verknüpft (assoziiert) wird, desto besser behalten wir ihn.
Damit ergänzt sich die Vergessenskurve wie folgt:

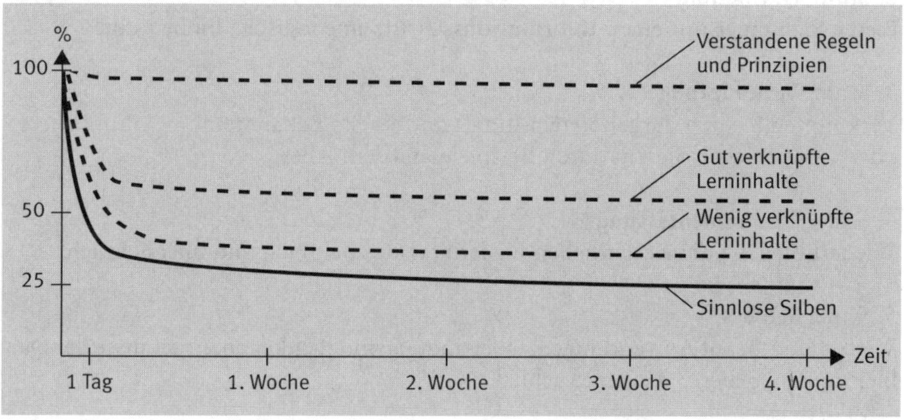

Abb. 12 Vergessenskurve bei verschieden sinnvollen Inhalten (nach Ebbinghaus, Über das Gedächtnis, 1992)

Referenten/Trainer/Ausbilder sollten daher …

- … im Vortrag zahlreiche und sinnvolle Verknüpfungen zu bereits bekannten Inhalten herstellen, Beispiele aus dem Alltag bringen, gute Querverbindungen schaffen, neue Zusammenhänge aufzeigen usw. Je besser die neue Information mit bereits Bekanntem assoziiert ist, desto besser ist das Behalten.

- … Inhalte eines Vortags, wenn möglich, auf bereits gelernte und verstandene Regeln und Prinzipien zurückführen. Dann bleiben sie stärker im Gedächtnis.

- … dem anfänglichen Abfall der Vergessenskurve im Vortrag durch eine frühe erste Wiederholung entgegenwirken (spätestens nach 20 Minuten!). Dies kann geschehen durch knappe Teilzusammenfassungen, durch nochmaliges Durchdenken der Information anhand eines neuen Beispiels oder durch Verwenden von Medien, mit denen die verbale Information durch ein Bild wiederholt wird.

Stufenplan für den Ablauf der Präsentation

1. Stufe: **Einleitung**
Wecken Sie das Interesse der Teilnehmer!
Motivieren Sie sie zum Zuhören!
Setzen Sie Ihre Ziele!

2. Stufe: **Darbietung**
Bieten Sie immer nur einen Informationsschritt, eine logische Einheit dar!

3. Stufe: **Verknüpfung**
Verknüpfen Sie den dargebotenen Inhalt mit bereits Bekanntem
oder verdeutlichen Sie ihn durch Beispiele aus dem Alltag.

4. Stufe: **Zusammenfassung**
Wiederholen Sie die wesentlichen Gedanken kurz, einfach und übersichtlich.

5. Stufe: **Schluss**
Weisen Sie z.B. auf Anwendungen, Übertragungsmöglichkeiten, Ergebnisse der Darbietung hin, geben Sie einen Ausblick.

Das Einhalten von logischen Stufen ist nicht nur eine Sache der Ordnung, sondern dient auch dem besseren Verstehen und Behalten – und ist damit eine echte Lernhilfe.

Der Referent sollte höchstens 90 Minuten sprechen, besser nur 60 Minuten, dann aber in jedem Fall eine Pause einlegen.

X Praxisbeispiel: Möglicher Ablaufplan für ein Tagesseminar

Uhrzeit	Veranstaltung	Bemerkung
09.00	Beginn	Begrüßung
	Vormittagsprogramm	Vortrag
10.30 bis 10.50	Pause	Kaffee, Tee, Mineralwasser, nicht rauchen, Gruppe zusammen lassen!
12.00 bis 13.30	Mittag	
13.30	Beginn Nachmittagsprogramm	Gruppenarbeit
15.00 bis 15.20	Pause	Ablauf wie 10.30 Uhr
16.30	Ende	Feedback und Verabschiedung

Was Sie beachten sollten:
- Bereiten Sie einen exakten Zeitplan vor und halten Sie diesen ein!
- Sprechen Sie Pausen vorher ab!
- Bitten Sie jemanden, die Uhr im Auge zu halten und Sie auf den Beginn der Pausen hinzuweisen.

Erfolgskontrolle

Am Ende der Präsentation steht ein Lernergebnis. Ob dieses Ergebnis mit dem, was in den Lernzielen geplant war, übereinstimmt, ist nicht immer sofort ersichtlich. Ergibt die Kontrolle, dass das Lernergebnis von den vorgegebenen Zielen abweicht, müssen Sie folgende Aspekte überprüfen:

- Wurden die richtigen Methoden und Medien eingesetzt?
- War die Stoffauswahl und -gliederung sinnvoll?
- Wurden für den vorgegebenen Adressatenkreis die Lernziele richtig ausgewählt?

Durch die Kontrolle der Lernergebnisse werden die einzelnen Stufen der Durchführung ständig kontrolliert und verändert. Die Erfolgskontrolle ist auch ein Ansatz für neue bzw. ergänzende Präsentationen und Seminare.

3.3 Der Handzettel

Der Handzettel ist eine gute Stütze bei der Vorbereitung. Nur in Ausnahmefällen ist er während des Seminars als Gedächtnisstütze zu benutzen, denn wer am Handzettel klebt, zeigt, dass er sich schlecht vorbereitet hat.
Der Zettel soll dazu dienen, den Lehrstoff übersichtlich zu gliedern. Damit zwingt er den Referenten/Trainer/Ausbilder zu einem geordneten, durchdachten Aufbau und Ablauf der Veranstaltung:

- Er muss sich über die benötigte Zeit Gedanken machen,
- Unnötiges vom Wesentlichen unterscheiden,
- den Medieneinsatz überlegen.

Ein gut vorbereiteter Handzettel verleiht zudem mehr Sicherheit. Ein Muster für ein solches Formular und wie es ausgefüllt aussehen kann, finden Sie nachfolgend.

Zeit	Inhalt / Thema / Lernziel	Anmerkung	Methode	Medium

Abb. 13 Muster für Handzettel (Vorlage)

Zeit	Inhalt / Thema / Lernziel	Anmerkung	Methode	Medium
	Aufbauseminar für Meister			
9.00	*Begrüßung/Information zu Organisation*	*Pers. Abt.*	*Vortrag*	*Flipchart Overhead*
9.15	*Seminarziele/Spielregeln*		*Vortrag*	*Flipchart*
9.20	*Kommunikationsübung (Auflockerung der Lernatmosphäre)*	*Gruppen zu 4 TN*	*Gruppen-Arbeit (GA)*	*Quadrat-Übung*
9.45	*Was ist aus dem Grundseminar noch bekannt?*	*Klein-gruppen*	*GA*	*Test Overhead*
10.30	*Vormittagspause*			
10.50	*Wie konnte Führungswissen in der täglichen Praxis umgesetzt werden?*	*Anerken-nung und Kritik, Dele-gation und Kontrolle*	*Einzel-arbeit (EA)*	*Metaplan*
11.25	*Was konnte nicht umgesetzt werden?*	*Info und Kommunik. Arbeiten in Gruppen*	*EA*	*Metaplan*
12.00	*Mittagspause*			
13.30	*Wo lagen die Hindernisse? Bei mir? Beim Mitarbeiter? Bei Vorgesetzten? Bei Kollegen? In der Organisation? Im Umfeld?*	*Auf einzelne Probleme konkret eingehen*	*GA und Erfah-rungs-aus-tausch (Erfa)*	*Metaplan*
14.30	*Nachmittagspause*			
14.50	*Was kann man unter gegebenen Umständen tun?*	*Praktisch verwertbare Anregungen*	*GA und Erfa*	*Flip*
16.20	*Zusammenfassung / Verabschiedung*	*Pers.-Abt.*	*Vortrag*	*erarbei-tete Pin-wände*

Abb. 14 Muster für Handzettel (Beispiel für Ablauf)

Adressaten: ____________________

Thema: ____________________

Lernziel: ____________________

Zeit	**Lernorganisation**	**Stoff**	**Zusatzinformationen**
(1)	• Referentenaktivitäten • Teilnehmeraktivitäten • Methoden • Hilfsmittel (2)	• Stichworte • wichtige Formulierungen, Begriffe usw. • Folientexte etc. (3)	• Beispiele/Bemerkungen • Soll-/Kann-Ziele (4)

Abb. 15 Muster für Handzettel (Vorlage)

Adressaten: *Mitarbeiter (-innen) im Verkaufsaußendienst*

Thema: *Verkäuferschulung*

Lernziel: *Kundenwünsche erkennen und abschlusssicher argumentieren*

Zeit	**Lernorganisation**	**Stoff**	**Zusatzinformationen**
(1)	• Referentenaktivitäten • Teilnehmeraktivitäten • Methoden • Hilfsmittel (2)	• Stichworte • wichtige Formulierungen, Begriffe usw. • Folientexte etc. (3)	• Beispiele/Bemerkungen • Soll-/Kann-Ziele (4)
Zwei Tage	• *Rollenspiele* • *Fallbeispiel der Teilnehmer* • *Audiovisuelle Aufnahmen mit Besprechung*	• *Motive des Kunden gezielt ansprechen* • *Argumentation und Einwandbehandlung* • *Körpersprache entschlüsseln* • *Transaktionsanalytisches Verhalten*	• *Wo ist noch ergänzende Schulung nötig?* • *Evtl. ein Fieldwork-training (Trainer mit Verkäufer zum Kunden)*

Abb. 16 Muster für Handzettel (Beispiel für Ablauf)

4 Präsentieren: Die unterschiedlichen Methoden und ihre Wirkung

Jede Präsentation ist ein Interaktionsfeld zwischen der Person des Referenten, dem Inhalt und den Methoden bzw. Medien.
Aufgabe des Referenten ist es, durch dynamische Kommunikation (Gespräch, Gruppenarbeit) ein positives soziales Klima aufzubauen.

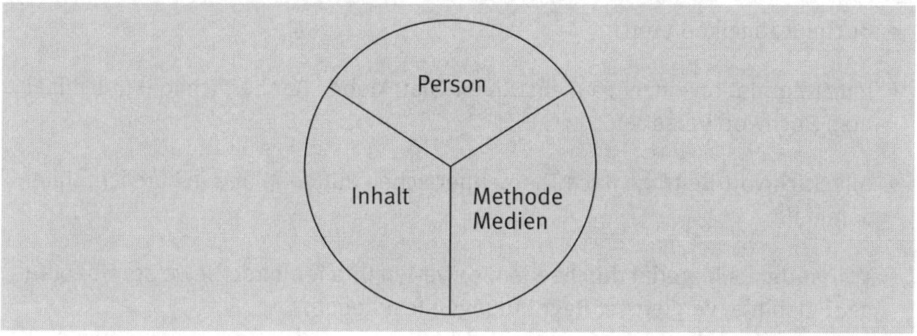

Abb. 17 Bestandteile der Präsentation

4.1 Referat

Ein Referat sollte nicht länger als 30 Minuten dauern, da dabei die Aufmerksamkeit schnell nachlässt. Danach empfiehlt es sich, die Präsentationsmethode zu wechseln und die Teilnehmer in den Vortrag einzubeziehen, z.B. durch ein Lehrgespräch (vgl. Kap. 4.2) oder eine Gruppenarbeit (vgl. Kap. 4.3).

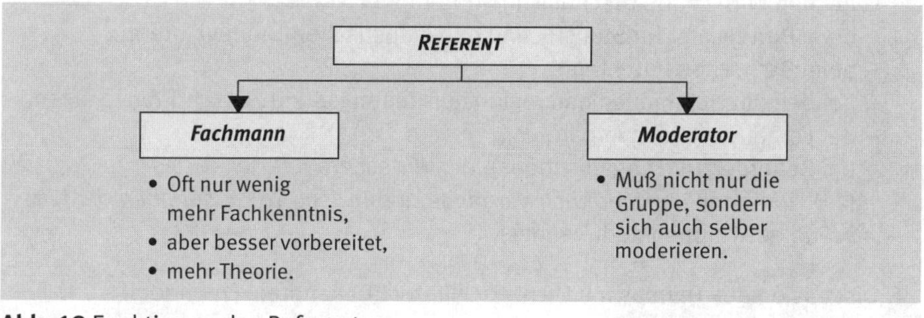

Abb. 18 Funktionen des Referenten

✔ Sammeln Sie Material

- Arbeitstitel wählen (um noch flexibel zu bleiben).
- Aktuelle Zeitungs- und Zeitschriftenartikel suchen (Trendanalyse).
- Eigene Aufsätze, Notizen, Beiträge durchsehen (evtl. eigenes Archiv).
- Persönliche Erlebnisse und Erfahrungen niederschreiben.
- Buchauszüge kopieren.
- Jede Information einzeln auf ein DIN A4-Blatt kleben (Einheitlichkeit) und mit einem Stichwort versehen.
- Alle Stichwort-Beiträge nach Themenbereichen aufteilen und in Klarsichthüllen sammeln.
- Vorhandenes Material durchsehen, bewerten und fehlende Beweise, Übergänge, Beispiele, Vergleiche, Begründungen feststellen.
- Erste Gliederung aufstellen (Einzelstichworte sortieren und zum roten Faden verknüpfen).
- Gezielte Suche nach fehlendem Material (Zahlen, Statistiken, Analysen, Beispiele, Meinungen):
  - Bibliotheken (Universitäts-, Stadtbibliotheken),
  - bei den Industrie- und Handelskammern,
  - bei den Landesgruppen des Rationalisierungskuratoriums der deutschen Wirtschaft (RKW),
  - bei den Wirtschaftsforschungsinstituten,
  - beim Bundesamt für Statistik und den statistischen Landesämtern,
  - beim Deutschen Patentamt,
  - bei den überregionalen und regionalen Zeitungs- und Zeitschriftenverlagen,
  - bei Verbänden (Fachverbänden!),
  - bei Behörden und Organisationen der Wirtschaft (z.B. zu finden im *Handbuch Verbände, Behörden, Organisationen der Wirtschaft* des Hoppenstedt-Verlags).
- Diskussion des Themas mit Nicht-Fachleuten (Bekannten, Freunden).

Material gliedern nach der „Baustein"-Methode

B = Bedeutung	Welche Bedeutung hat das Thema? Wie kann ich es einordnen?
A = Aussage	Worin besteht meine Hauptaussage? Wie kann ich sie in ein, zwei Sätzen zusammenfassen?
U = Untergedanke	Welche Untergedanken sind für meine Arbeit wichtig?
S = Schlüsse	Zu welchen Ergebnissen kommt der Verfasser?
T = Tatsachen	Werden Tatsachen dargestellt oder Theorien aufgebaut?
E = Entbehrtes	Welche Erwartungen erfüllt der Stoff nicht?
I = Inhalt/Form	Wie verhalten sich Inhalt und Form zueinander? Ist der Stoff informativ oder weitschweifig?
N = Nutzen	Was nutzt mir der Stoff für meine Belange? Welche Vorteile bringt das Wissen anderen?

Eine gute Hilfe bei der Gliederung kann auch das so genannte Mind Mapping nach dem englischen Gehirnforscher und Gedächtnistrainer Tony Buzon sein. Dabei handelt es sich um eine Synthese von sprachlichem und bildhaftem Denken. Mit dieser Methode werden die linke und rechte Gehirnhälfte genutzt. Sie schafft Überblick und erleichtert neue Denkanstöße.
Was bei der bildhaften Darstellung entsteht, sind Mind Maps, man könnte es mit Gedanken-Karte übersetzen. Sie ermöglichen durch die Abbildung des Themas neue Sichtweisen. Sie können so Ihr Präsentationsthema gut strukturieren und wesentliche Punkte herausarbeiten oder neue Verbindungen herstellen und Nebenaspekte beleuchten. Durch die offene Struktur kann das Mind Map jederzeit ergänzt werden.
Tony Buzon hat für die Gestaltung der Mind Maps sieben Grundregeln formuliert:

1. Beginnen Sie mit dem Hauptthema in der Mitte des Blattes.
2. Schreiben Sie alle Wörter in Großbuchstaben.
3. Die Wörter sollen auf den Linien stehen. Jede Linie soll mit anderen Linien verbunden sein.
4. Verwenden Sie möglichst nur ein Stichwort pro Linie.
5. Wo es sinnvoll ist, fügen Sie Bilder und Symbole ein.
6. Benutzen Sie möglichst viele Farben.
7. Ignorieren Sie Ihr kontrolliertes Denken. Halten Sie möglichst alles fest, was Ihnen im Zusammenhang mit der Zentralidee in den Sinn kommt. Überlegen Sie nicht lange, schreiben Sie einfach auf, was Ihnen einfällt.

✔ Grundregeln zur Ausarbeitung des Referats

- Halten Sie pro Satz nur eine Tatsache, einen Gedanken, eine Person, eine Orts- oder Zeitangabe fest!
- Wählen Sie möglichst kurze Sätze (je kürzer, umso verständlicher)!
- Wählen Sie möglichst kurze Wörter (kein Wort sollte mehr als 3 Silben haben)!
- Achten Sie darauf: Der Hauptgedanke muss in den Hauptsatz!
- Verwenden Sie keine Fremdwörter, Fachwörter (Fachjargon) oder Abkürzungen, ohne diese zu erklären!
- Formulieren Sie im Aktiv statt im Passiv (Nicht: Es wird gesagt, sondern: Viele behaupten ...)!
- Werden Sie persönlich (Das logische Subjekt des Satzes sollte immer eine Person sein! Je persönlicher, desto verständlicher!)!
- Erklären Sie Neues durch Altes (Beispiele, Vergleiche, Begriffe)!
- Verwenden Sie Satzzeichen als Regie- und Spannungseffekte!
- Achten Sie darauf: Ihr Referat sollte mehr Verben, weniger abstrakte Substantive enthalten (Nicht: „... erfolgte die Bearbeitung des Manuskripts“, sondern: „... dann bearbeitete er das Manuskript“)!
  Ungünstig sind insbesondere Wörter, die auf -ung, -heit, -keit, -ion enden.
  Sie wirken langweilig und abstrakt!

4.2 Lehrgespräch

Im Allgemeinen wird ein Seminar als Lehrgespräch durchgeführt. Der Trainer führt die Gruppe in der geplanten Zeit durch ein von ihm gelenktes Gespräch zum Lernziel. Der Lehrstoff wird gemeinsam erarbeitet. Der Leiter des Lehrgesprächs muss aber einen klaren Informationsvorsprung vor den Teilnehmern haben.

- Die Kunst des Lehrgesprächs liegt darin, zwischen der Darstellung des Stoffes durch den Referenten und dem Gespräch mit den Teilnehmern im richtigen Verhältnis abzuwechseln. Je weniger der Referent dabei zu sprechen braucht, desto größer ist der Nutzen für die Teilnehmer.

- Das Lehrgespräch eignet sich vor allem, wenn bei den Teilnehmern bereits Erfahrungen zum Seminarthema vorliegen. Auf diesen aufbauend können im Lehrgespräch neue Erkenntnisse entwickelt werden. Bei unbekanntem Lehrstoff ist es weniger geeignet, da zunächst eine Wissensbasis geschaffen werden muss, bevor der Referent rückfragen kann.

- Das Lehrgespräch ist kein reines Frage- und Antwortspiel. Neben der Frage steht die Lösung von Aufgaben, sei es, dass der Teilnehmer einen Zusammenhang herleiten, eine Sachlage beurteilen oder eine Entscheidung fällen und begründen muss. Dadurch wird er zum Mitdenken und -arbeiten angeregt. Der ganze Ablauf wird belebt.

- Durch Vereinfachen oder Aufteilen von Fragen kann man den Teilnehmern helfen, die richtige Lösung zu finden. Der Trainer soll dem Teilnehmer aber nicht die Antwort in den Mund legen. Auch sollte das Lehrgespräch nicht zum langen Dialog mit nur einem Teilnehmer ausarten, da sonst die anderen das Interesse verlieren. Ohne autoritär zu wirken, muss der Leiter das Lehrgespräch straff führen können.

- Bei zu geringer Beteiligung am Lehrgespräch sollte der Trainer erst einmal zum Vortrag übergehen, da offensichtlich noch nicht das notwendige Sachwissen vorhanden ist.

✔ Fragetechniken beim Lehrgespräch

- Jeder Fragesatz darf nur eine einzige Frage enthalten, damit die Teilnehmer nicht verwirrt werden. Sie wissen sonst nicht, worauf sie als erstes antworten sollen.

- Alle Fragen müssen präzise abgefasst sein. Nur dann kann der Teilnehmer die Aufgabenstellung mit der nötigen Klarheit erkennen. Die Fragen sind möglichst knapp zu formulieren.

- Die Teilnehmer müssen ausreichend Zeit zum Nachdenken erhalten.

- Alle Fragen sind zunächst an die ganze Gruppe zu stellen. So fühlt sich jeder angesprochen. Ruft man dagegen einen Teilnehmer vorher auf, werden sich die anderen nicht mehr an der Lösung der Aufgabe beteiligen.

- Bei richtigen Antworten sollte sich der Trainer anerkennend äußern, dabei aber nicht übertreiben.

(Zur Fragetechnik vgl. auch Kap. 2.2.3, S. 32)

4.3 Gruppenarbeit

Gruppenarbeit heißt, ein ausgewogenes Verhältnis zwischen Themenorientierung, Gruppenaktivität und Individuum herstellen (nach R. Cohn).

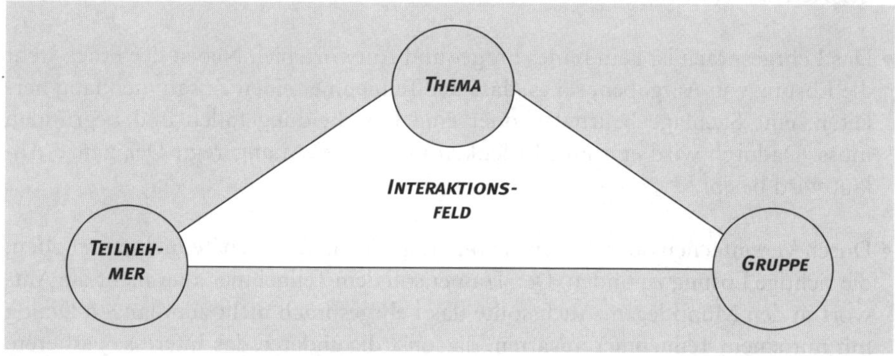

Abb. 19 Einflussfaktoren der Gruppenarbeit

Gruppenarbeit soll

- dem Teilnehmer größere Entwicklungsmöglichkeiten bieten,
- die Selbstständigkeit fördern,
- einen sachlichen gegenseitigen Meinungsaustausch anregen,
- die soziale Verantwortung stärken,
- auf zukünftige Situationen vorbereiten,
- das partnerschaftliche Verhalten fördern.

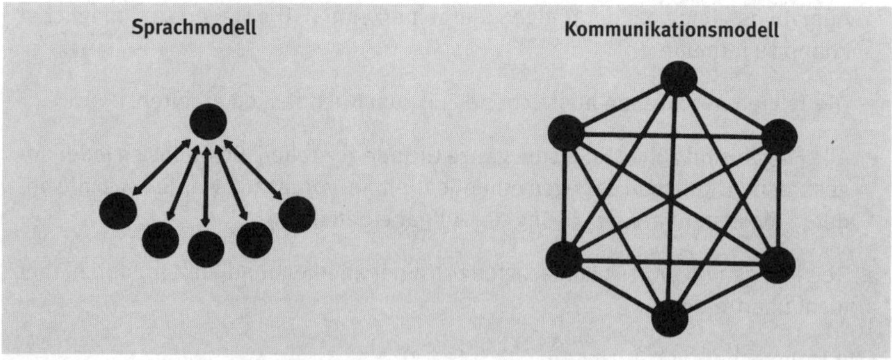

Abb. 20 Vom Sprachmodell zum Kommunikationsmodell

Gruppenarbeit ist immer dann sinnvoll, wenn es darum geht,
- Informationen auszutauschen,
- Ideen und Meinungen zu sammeln,
- vielschichtige Situationen und Probleme zu analysieren,
- schwierige Entscheidungen zu treffen.

Die Gruppenarbeit, die auch in einer guten Besprechung zum Tragen kommt, bringt bei Ideensammlung, Analyse und Entscheidung bessere Ergebnisse als die Einzelarbeit, weil
- in der Gruppe die Informationsbasis breiter ist,
- die gegenseitige Inspiration die Kreativität der einzelnen Gruppenmitglieder anregt,
- die gegenseitige Kritik einzelne Ideen und Vorschläge filtert.

Da aber der Zeitaufwand für Gruppenarbeit erheblich höher ist als für Einzelarbeit, gilt es in jedem Fall abzuwägen, welche Methode sinnvoll und vertretbar ist. Wenn die Entscheidung für die Gruppenarbeit ausgefallen ist, zahlt es sich in jedem Fall aus, der Vorbereitung, Durchführung und Nachbereitung Zeit und Sorgfalt zu widmen.

✔ Organisation der Gruppenarbeit

1. Wenn Sie Gruppenarbeit organisieren, sorgen Sie für

- einen geeigneten, möglichst störungsfreien Raum,
- eine kommunikationsfördernde Sitzordnung,

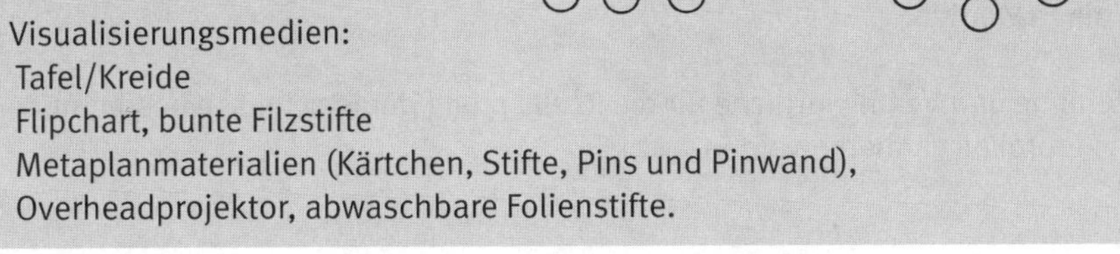

- Visualisierungsmedien:
  Tafel/Kreide
  Flipchart, bunte Filzstifte
  Metaplanmaterialien (Kärtchen, Stifte, Pins und Pinwand),
  Overheadprojektor, abwaschbare Folienstifte.

2. Sprechen Sie mit den Teilnehmern ab,

- wer die Gesprächsleitung und wer die Protokollierung übernimmt (dies sollten möglichst 2 verschiedene Teilnehmer sein!).
- ob bestimmte Kreativitäts- oder Entscheidungstechniken angewendet werden sollen (z.B. Brainstorming, vgl. dazu Kap. 4.4, S. 70).
- ob für einzelne Diskussionsbeiträge die Sprechzeit begrenzt werden soll (z.B. auf 30 oder 60 Sekunden).
- wann Pausen eingeschaltet werden sollen.
- wann die Gruppenarbeit spätestens abgeschlossen wird.

3. Wenn Sie die Gesprächsleitung haben, achten Sie darauf, dass

- sich alle Teilnehmer in ausgewogenem Maße an der Diskussion beteiligen.
- die Diskussion „beim Thema“ bleibt.
- Sprechzeitbegrenzungen eingehalten werden.
- „Killerphrasen“ unterlassen werden. (Hängen Sie im Besprechnungsraum zur Abschreckung ein Plakat mit Killerphrasen auf, Muster vgl. S. 73.)
- bei Anwendung von Kreativitäts- oder Entscheidungstechniken die dafür geltenden Regeln berücksichtigt werden.
- der Zeitplan eingehalten wird.
- Beschlüsse in Übereinstimmung mit allen Teilnehmern formuliert und protokolliert werden.
- Termine und Verantwortliche für die Realisierung der Beschlüsse bestimmt und im Protokoll vermerkt werden.

Spielregeln für Gruppenarbeit

Spielregeln sind Vereinbarungen zwischen den Mitgliedern einer Gruppe, ohne hierarchischen Aufbau. Sie sind Empfehlungen eines Gesprächshelfers. Mithilfe der Spielregeln kann die Gruppe ihren Lern- und Arbeitsprozess selbst organisieren und steuern. Die Gruppenarbeit wird für alle Beteiligten transparent, der Gesprächsverlauf wird beschleunigt. Spielregeln sind keine Disziplinierungsmaßnahmen für den Moderator. Es versteht sich von selbst, dass so verstandene Gruppenarbeit ein hohes Maß an Toleranz und Selbstdisziplin aller Gruppenmitglieder voraussetzt.
Die Spielregeln sind – wie die des Fußball- oder Schachspiels – erlernbar. Ihre Handhabung ist in gewissem Umfang an Verhaltenslernen gebunden.
Tipp: Legen Sie gemeinsam mit den Teilnehmern eine Spielregelliste an, die sich im Laufe der Gruppenarbeit vervollständigt. Jeder Teilnehmer wirkt an der Entwicklung mit.

Spielregeln könnten z.B. sein:
- ausreden lassen
- zuhören
- andere Meinungen tolerieren (respektieren)
- sachlich bleiben
- keine persönlichen Angriffe
- sich kurz fassen (beim Thema bleiben)
- niemandem die eigene Meinung aufdrängen
- niemanden manipulieren wollen

4.4 Ideensammlung (Brainstorming)

Das Brainstorming (von Alex F. Osborn in den 30er Jahren entwickelt und 1963 veröffentlicht) ist keine eigene Denktechnik, es ist ein formaler Rahmen zur Anwendung des kreativen Denkens. Es regt dazu an, Ideen-Assoziationsketten zu bilden („Das bringt mich auf die Idee ...“).

Beim Brainstorming nehmen optimal sieben, maximal zwölf Personen an einem Gruppengespräch teil, das bestimmten Regeln unterworfen ist.
Die Sitzung soll nicht länger als 45 Minuten dauern. Wenn innerhalb dieser Zeit keine Lösungsansätze sichtbar werden, findet ein paar Tage später eine neue Konferenz statt. In jeder Sitzung wird nur ein Problem diskutiert.

Es werden benötigt:

- Flipchart, Tafel, Pinnwand oder Haftwand
- Meta-Plan-Kärtchen oder Notizpapier für jeden Teilnehmer
- Stifte
- evtl. Kassettenrecorder oder Tonbandgerät

✔ Ablauf des Brainstorming

1. Definition

Der Sitzungsleiter (oder besser: der Auftraggeber, der das Problem stellt) definiert vor der Gruppe das Problem und notiert es auf dem Flipchart.
Das Problem darf weder zu weit definiert (dies würde eine konkrete Lösung verhindern) noch zu eng gefasst werden (es käme sonst kein Ideenfluss zustande).
Dauer: maximal fünf Minuten!

2. Sachfragen

Die Gruppe stellt Fragen zum Problem (macht aber noch keine Lösungsvorschläge! Jeder Teilnehmer notiert seine spontanen Ideen).
Der Sitzungsleiter (bzw. der Auftraggeber) beantwortet die Fragen, bis alle das Problem verstanden haben.
Dauer: fünf bis maximal zehn Minuten!

3. Regeln

Der Sitzungsleiter erklärt die Regeln und notiert sie auf dem Flipchart (oder besser: hat sie schon vor der Sitzung notiert).
Grundregeln des Brainstormings sind:

- Der Phantasie sind keine Grenzen gesetzt:
  Es soll wirklich alles genannt werden, was den Teilnehmern einfällt, auch wenn es falsch oder lächerlich ist! (Auch Fröhlichkeit und Scherze sind erlaubt!)

- Vernunft und Logik spielen keine Rolle:
  Vermeintlich bestehende Gesetzmäßigkeiten gelten nicht, deshalb kann sich auch keiner blamieren!

- Quantität geht vor Qualität:
  Je mehr Ideen genannt werden, desto größer ist die Chance, dass eine gute Idee darunter ist!
  Übrigens hat es sich gezeigt, dass die Qualität der Ideen mit der Quantität steigt und dass in der zweiten Hälfte des Brainstormings bessere Ideen kommen. Nutzen Sie diese Erkenntnisse!

- Kritik ist streng verboten:
  Es darf (während der ersten Phase) keine Idee kritisiert bzw. beurteilt werden (weder an anderen noch an sich selbst), nicht verbal, nicht mimisch (Augenbrauen, Mundwinkel) und nicht durch Gesten (Handbewegung).
  Mögliche Kritik ist aufzuschieben.

- Es gibt keine Urheberrechte:
  Das Ergebnis ist eine Gruppenleistung, die Protokolle beinhalten keine Namen!

- Die Ideen sollen nicht ausgewalzt werden:
  Möglichst hohes Tempo, keine Reden schwingen, ein paar Worte genügen, jeder soll angehört werden (Minimum an Zeit – Maximum an Ideen).

- Deutlich und nicht durcheinander reden: Der Protokollführer muss Zeit haben, die Ideen zu notieren.
  Dauer: etwa fünf Minuten!

4. Kritiklose Phase

Die Sitzungsteilnehmer versuchen, möglichst viele Ideen zu entwickeln.
Erwarten Sie noch keine Problemlösungen. Zuerst sollen die Ideen fließen.
Also freie Fahrt. Ihre Frage könnte lauten: „Versuchen Sie, sich verschiedene neue Wege auszudenken, wie ..."
Übrigens: Die Frage: „Wie?" ist wirkungsvoller als die Frage: „Warum?"
Dauer: 15 bis 30 Minuten!

5. Bewertung

Erst jetzt werden die Ideen bewertet (und nicht schon während des kreativen Teils der Sitzung!). Erst jetzt darf und soll kritisiert, analysiert, klassifiziert (und evtl. bereichert) werden. Vorher werden die Beurteilungskriterien festgelegt, wie z.B. Realisierbarkeit, Stimmigkeit, Kosten u.ä.

Sitzordnung beim Brainstorming

Jeder muss zum anderen Augenkontakt haben und alle müssen Flipchart, Pinnwand oder Tafel einsehen. Deshalb sollte die Sitzordnung so aussehen:

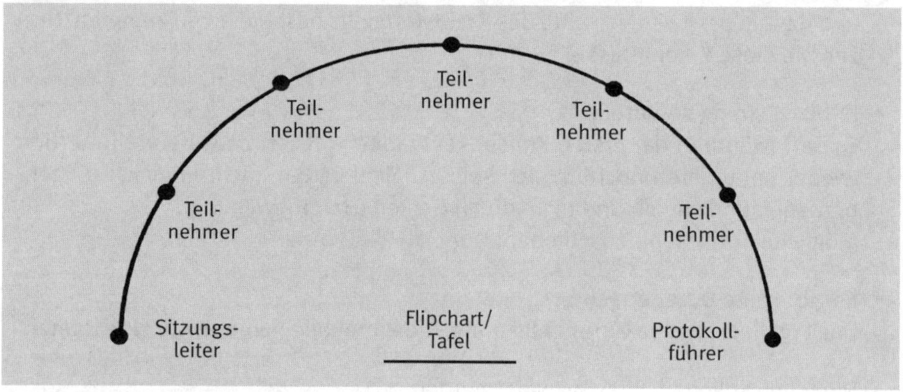

Abb. 21 Sitzordnung beim Brainstorming

Killerphrasen „killen"

Killerphrasen sind Äußerungen, die sich an Emotionen, nicht an die Ratio wenden. Ziel ist es, die gedankliche Weiterentwicklung einer Thematik zu blockieren oder in eine dem „Killer" angenehmere Richtung umzulenken.
Die Gesprächszerstörer verfügen nicht nur über eine stattliche Anzahl solcher Phrasen, sondern verstehen es auch, sie in verschiedenen Varianten vorzutragen: Witzelnd, trocken, scharf, erregt, erbost, verbittert.

Im Folgenden sehen Sie einige Beispiele solcher Killerphrasen. Die Kenntnis dieser Phrasen soll Sie in die Lage versetzen, sie zu vermeiden. Sollte Ihnen doch einmal spontan eine Killerphrase über die Lippen kommen, so entschuldigen Sie sich sofort.

Wirksam ist auch, zu Beginn im Teilnehmerkreis zu vereinbaren, Killerphrasen, sobald sie fallen, auf Flipchart oder Tafel zu notieren. Oft wirkt diese „Veröffentlichung" Wunder.

Beispiele für Killerphrasen

- Das haben wir schon immer/noch nie so gemacht!
- Das ist doch viel zu kompliziert/primitiv/gefährlich/teuer/riskant!
- Das können Sie (wir) doch gar nicht beurteilen!
- Das kann doch wohl nicht Ihr Ernst sein!
- Das ist doch gar nicht Ihre Aufgabe!
- Das ist doch ein alter Hut!
- Das ist nicht zu verantworten!
- Dafür sind Sie doch viel zu jung/alt!
- Das kann in Berlin/Köln/Hamburg gehen, aber nicht hier!
- Darum geht es doch gar nicht!
- Da fehlt Ihnen die Erfahrung!

4.5 Moderation

Die Moderation dient dazu, Gruppen bei kooperativen Planungs- und Lernprozessen indirekt zu steuern. Diese Steuerung geschieht durch den Moderator.

Die Methode basiert auf einer sinnvollen Verbindung von Visualisierung und Gruppensteuerung. Dabei ist die Visualisierung zwar ein wichtiges Element, im Grunde jedoch nur das Vehikel, um Kommunikations- und Entscheidungsprozesse schriftlich festzuhalten, sowohl was die Entstehung als auch den Verlauf dieser Prozesse betrifft. Sie liefert außerdem eine knappe, nachvollziehbare Unterlage mit hohem Verpflichtungscharakter, was für den Transfer in die betriebliche Praxis sehr sinnvoll ist.

Vorteil der Moderationsmethode

- Alle Beteiligten haben die gleiche Chance zur Mitwirkung, was deren Engagement fördert.
- Die Dominanz Einzelner wird erschwert.
- Affektive und kognitive Lernzielbereiche können gut verbunden werden.
- Die wechselseitige Kleingruppen- und Plenumsarbeit aktiviert die Teilnehmer und sorgt für Dynamik des Lernprozesses.
- Die Visualisierung erfordert Aufmerksamkeit, Beteiligung, andererseits aber auch Zustimmung oder Offenlegung von Konflikten.
- Die Atmosphäre ist in der Regel aufgelockert, spontan.

Die Moderation ist auch für die Veranstaltung von Firmenmeetings als „Informationsmarkt“ sehr geeignet.
So kann zum Beispiel die gesamte Führungsgruppe eines Unternehmens mit dieser Methode in mehreren Tagen eine Firmenphilosophie erarbeiten und sich mit ethischen Fragen der Unternehmenskultur und Mitarbeiterführung intensiv auseinandersetzen.

Moderation ist ein geeignetes methodisches Instrument, gerade dann, wenn die Komplexität eines Problems sehr groß ist und viele von dem Problem betroffen und an der Lösung beteiligt sind.

✔ Ablauf einer Moderation

Gruppe einstimmen
▼
Problembewusstsein schaffen
▼
Verschiedene Interessen klarstellen
▼
Die verschiedenen Probleme auflisten und gewichten
▼
Gruppenneuergebnisse vor dem Plenum bearbeiten
▼
Gruppenergebnisse vor dem Plenum präsentieren
▼
Plenumsdiskussion
▼
Eventuell gemeinsamer Aktionsplan für das spätere Vorgehen

Der Moderator und seine Qualifikation

Mit dem Moderator steht und fällt die Gruppenarbeit.
Seine Aufgabe ist es, für die jeweilige Gruppensituation und das jeweilige Thema das geeignete methodische Element einzubringen.

Es hat sich bewährt, besonders bei kritischen, konfliktträchtigen Themen Moderatoren auszuwählen, die kein eigenes Interesse an bestimmten Ergebnissen haben. Dadurch wird eine bessere Konzentration auf den Gruppenprozess und eine höhere Akzeptanz durch die Gruppenmitglieder erreicht.

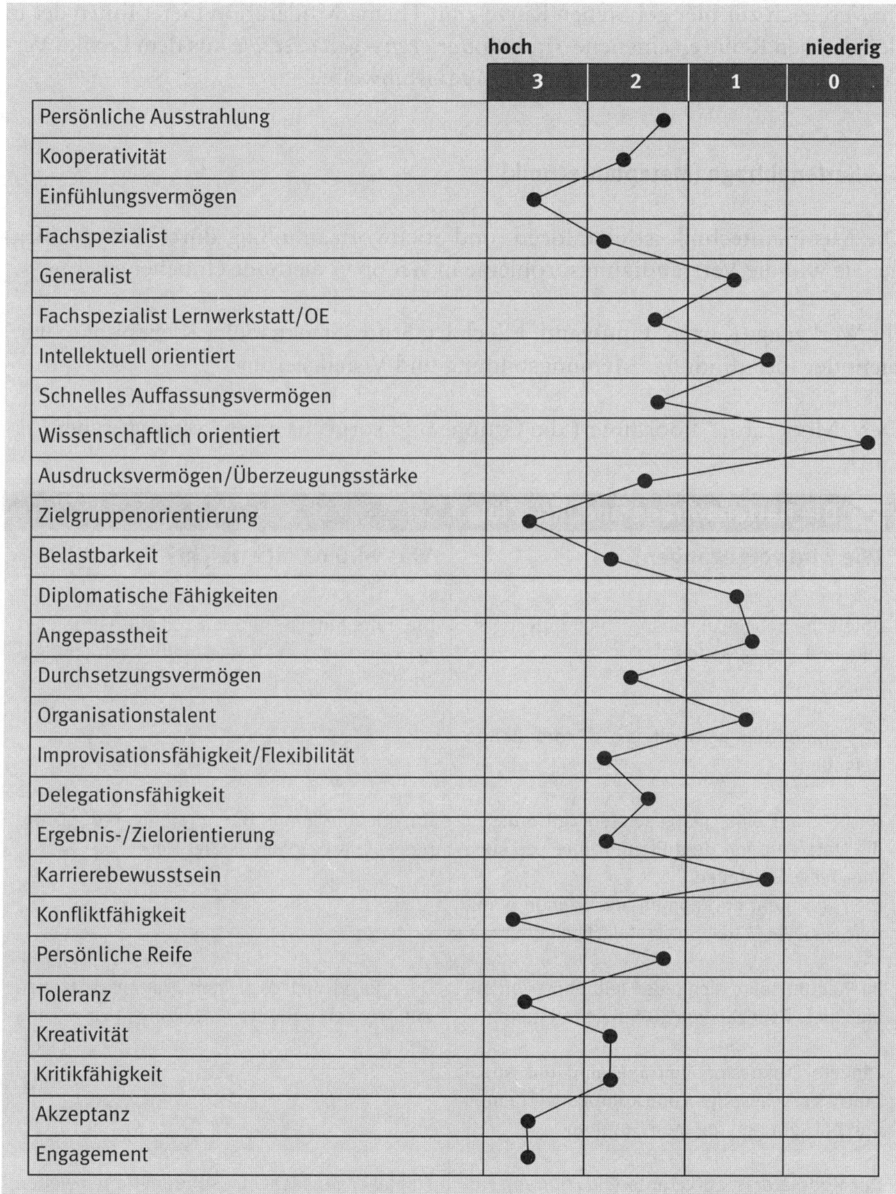

Abb. 22 Soll-Anforderungsprofil eines Moderators (nach BMW-Lernwerkstatt)

Im Vergleich zur hier gebotenen Kürze zum Thema Moderation bietet Ihnen der in der gleichen Reihe erschienene Titel *Moderieren – gewusst wie* aus dem Lexika Verlag ausführlichere Informationen und Praxishinweise.

4.6 Kartenabfrage (Metaplantechnik)

Die Metaplantechnik ist eine Ideen- und Stichwortsammlung durch Kartenabfrage. Sie will die Verständigungsprobleme in Gruppen methodisch beheben.

Ihr Werkzeug (Karten, Pinnwand, Flipchart, Stifte, Stecknadeln, Klebepunkte u.a.) dient der Ideenfindung, Meinungsbildung und Visualisierung.

Der „Moderator" koordiniert die Gruppe und sorgt für einen systematischen Ablauf.

✔ Die Kartenabfrage und ihre Ziele

Wie wird vorgegangen?	Was wird damit erreicht?
Unterscheiden Sie die Gesprächsgruppe in Plenum und Untergruppen.	Die Aufteilung in Gruppen soll alle Teilnehmer aktivieren und mehr Wortmeldungen ermöglichen.
Die Untergruppen erhalten zu erarbeitende Aufgaben.	
Nach Ablauf einer festgesetzten Zeit müssen die Untergruppen dem Plenum ihre Lösungsvorschläge vorstellen. Dies geschieht im Rahmen von Szenarios mit Hilfe visueller Mittel (Stecktafel, Flipchart usw.).	Das Plenum nimmt die Anregungen der Gruppen auf und vervollständigt sie.
Im Plenum sollte sich jeder Teilnehmer an die maximale Redezeit von 30 Sekunden halten.	Diese Regel dient dazu, mehr Wortmeldungen zu ermöglichen und Ausschweifungen zu vermeiden.
Längere Diskussionsbeiträge sind nur angebracht bei schwierigen und komplexen Themen und bei sehr heterogenen Gruppen.	
Der Moderator ist aufgefordert, in Form von Fragen Denkanstöße zu vermitteln.	Fragen engen nicht ein, sondern führen weiter.

Wie wird vorgegangen?	Was wird damit erreicht?
Es besteht auch die Möglichkeit, schriftlich das Wort zu ergreifen. Dies geschieht in Form von Karten, die vom Teilnehmer beschrieben und an eine Tafel gesteckt werden können.	• Es kommen mehr Teilnehmer zu Wort. • Der Teilnehmer ist gezwungen, sich auf das Wichtigste zu beschränken. • Es wird Zeit gespart. • Gedanken werden visualisiert.
Dabei sollte beachtet werden, dass • jeweils nur ein Argument (evtl. mit Gegenargument) auf einer Karte steht, • die Botschaft aus nicht mehr als sieben Wörtern oder drei Zeilen besteht.	
Der Moderator soll über den gesamten Diskussionsablauf hinweg wichtige Aussagen schriftlich sammeln.	
Aus dieser Aussagensammlung, den Karten der Teilnehmer und den schriftlichen Ergebnissen der Szenarien entsteht ein umfassendes Simultanprotokoll, das jedem Teilnehmer am Schluss der Gruppenarbeit zur Verfügung steht.	Die Teilnehmer können sich ganz auf die Diskussion konzentrieren, da der Zwang zum Mitschreiben entfällt. Die Gruppe hat ständig einen Überblick über den Gesprächsverlauf.
Das Geschriebene muss auf 6–8 Meter Abstand noch lesbar und leicht aufnehmbar sein. Deswegen ist es ratsam, • fett zu schreiben, • keine Schreibschrift zu verwenden, • einzeln in Klein- und Großbuchstaben zu schreiben, • Überschriften und alles Wichtige mit größerer oder roter Schrift hervorzuheben.	
Die Aufteilung der gesamten Thematik in einzelne Problembündel geschieht in der Regel schriftlich. Dabei schreibt jeder seine Gedanken und Ideen auf seine Karten. Jede Karte wird vorgelesen und inhaltlich einem bestimmten Oberbegriff zugeordnet.	Wenn sich alle zugleich auf Karten äußern, hat das die Wirkung, dass • sich alle konzentrieren müssen, • keine Beeinflussung durch Meinungsmacher entsteht, • die Äußerungen spontan gemacht werden, • Themenvielfalt erreicht wird.

Wie wird vorgegangen?	Was wird damit erreicht?
Es wird unterschieden in • Ideen = Problemliste für ungeklärte Fragen. • Maximen = Maximenliste für offene Empfehlungen. • Richtlinien = Richtlinienkatalog für feste Empfehlungen. • Befehle = Tätigkeitskatalog für eine personell und zeitlich festgelegte Handlungsweise. Auf diese Weise werden je nach Wichtigkeit Reihenfolge und Zeitaufwand aller Folgeaktivitäten festgelegt.	• die Meinungsstrukturierung offenbar wird, weil Gemeinsamkeiten ersichtlich werden.
Wichtig ist, dass während der Gruppenarbeit eine gute Stimmung herrscht. Jeder Teilnehmer macht deswegen jeden Morgen und Abend eine Aussage über seine derzeitige Stimmung.	Gute Stimmung verstärkt die Intensität und Kreativität der Arbeit.
Helle Räume, in denen sich jeder frei bewegen kann, wirken sich positiv auf die allgemeine Stimmungslage aus.	Die Interaktion der einzelnen Teilnehmer wird verdichtet.
Am Ende der Gruppenarbeit werden die Ergebnisse mit dem Erwarteten verglichen.	Die Gruppenarbeit unterliegt einer ständigen Korrektur.

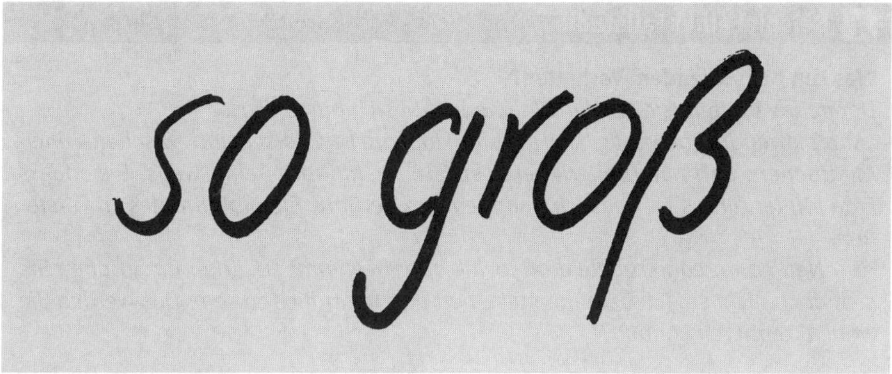

Abb. 23 Metaplankarte in Originalgröße

4.7 Fallstudie

Die Fallstudie hat einen hohen Stellenwert in der beruflichen Weiterbildung. Fallstudien beinhalten das, was früher unter „Übungen" verstanden wurde.
Jede Fallstudie muss ein Lehrziel haben.
Mit Fallstudien können Theorien erprobt und das Verständnis für verborgene Zusammenhänge geweckt bzw. vertieft werden.
Nicht selten wird von den Teilnehmern versucht, zusätzliche Informationen zum Inhalt der Fallstudie zu bekommen. Darin liegt eine große Gefahr: Durch Zusatzinformationen ändert sich die Fallstudie und damit unter Umständen auch das Lernziel.
Um die steigende Nachfrage nach Fallstudien zu befriedigen, hat die Zentrale für Fallstudien e.V. (ZfF) alle deutschsprachigen betriebswirtschaftlichen Fälle systematisiert und das Ergebnis in einer Bibliografie zusammengefasst.
Der Benutzer kann bei den einzelnen Fällen nach fachlichen und didaktischen Kriterien entscheiden, ob die Fallstudie für seine Zwecke geeignet ist.

Zentrale für Fallstudien e.V.
Universität der Bundeswehr Hamburg
Institut für Personalwesen und internationales Management
Holstenhofweg 85
22043 Hamburg
Tel.: (0 40) 65 41 26 20
Fax: (0 40) 65 41 28 91

Beispiel einer Fallstudie

Was tun bei störendem Verhalten?

Der neue Abteilungsleiter Herr Neumann gibt sich burschikos.
„Kontaktfreudig" bewegt er sich schulterklopfend bzw. tätschelnd zwischen seinen Mitarbeitern und Mitarbeiterinnen. Letzteren gefällt das keineswegs. Besonders Frau Müller fühlt sich dadurch unangenehm berührt. Sie gibt ihm das zu verstehen.
Herr Neumann reagiert beleidigt. Jovial, aber bestimmt erklärt er ihr: „Haben Sie sich doch nicht so! Ich bemühe mich, nett und freundlich zu sein. Das werden Sie wohl akzeptieren können?"

Wie soll sich Frau Müller verhalten?

Flüchten, akzeptieren, angreifen oder verändern?

Wer dazu neigt, in einer solchen Lage defensiv zu reagieren, muss sich auf einen Rückzug einstellen. Er kann aber auch „klein beigeben", sich auf das störende Verhalten einstellen und sich damit arrangieren. Ist aber damit das Problem gelöst?

Würden Sie Frau Müller den Rat geben, offensiv zu agieren? Sie könnte Sinnesgenossen sammeln und indirekt eine Front gegen das störende Verhalten aufbauen. Anzugreifen ist sicherlich besser, als das Problem zu verdrängen. Aber als Risiko bleibt eine längere oder dauernde Beziehungsstörung zwischen Frau Müller und ihrem Vorgesetzten. Gut dürfte das weder für die Betroffenen noch die Arbeitsleistung sein.
Könnte nicht eine sachliche Kritik helfen? Am besten für beide wäre es, wenn es Frau Müller gelänge, ihren Chef zu überzeugen und ihn in seinem Verhalten zu beeinflussen. Dafür braucht Frau Müller ein hohes Maß an Selbstbewusstsein.

Bei der Bearbeitung der Fallstudie „Was tun bei störendem Verhalten" können folgende Überlegungen in Gruppenarbeit und Plenumsdiskussionen mit einbezogen werden. Für das Gespräch zwischen Frau Müller und Herrn Neumann empfiehlt sich ein Rollenspiel (wie es im nächsten Kapitel beschrieben ist):

Geduld, Ausdauer, Standhaftigkeit und Zuversicht im Veränderungsprozess zwischenmenschlichen Verhaltens können die betriebliche Zusammenarbeit verbessern.

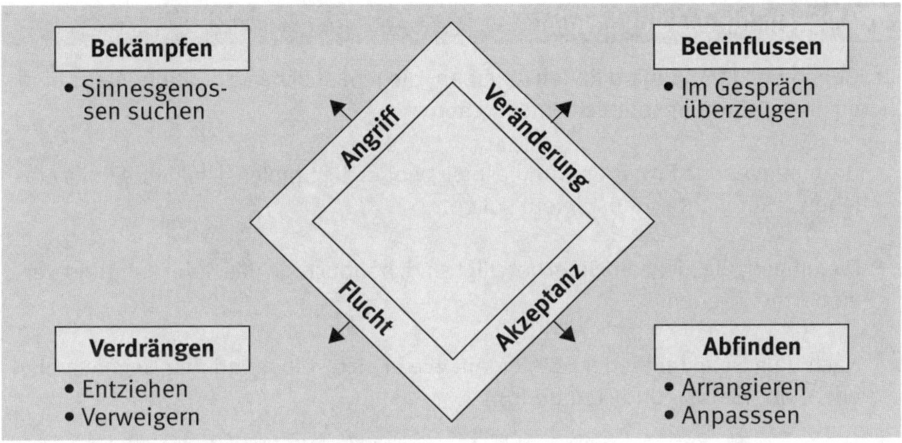

Abb. 24 Was tun gegen störendes Verhalten?

4.8 Rollenspiel

Besonders geeignet für das Verhaltenstraining ist das Rollenspiel, in dem die Teilnehmer vorgegebene Rollen in einer bestimmten Situation übernehmen. Dabei wird eine Situation aus dem eigenen Erfahrungsbereich, zum Beispiel Kommunikation zwischen Vorgesetzten, Kollegen und Mitarbeitern simuliert. Nach dem Spiel wird das Verhalten der einzelnen Spieler gemeinsam ausgewertet.

Mit dem Rollenspiel können besonders Konfliktsituationen zwischen Menschen bearbeitet werden und sehr realitätsnah Situationen nachgestellt werden. Bei manchen Teilnehmern besteht allerdings die Gefahr, dass sie die Situation überziehen und schauspielern.

Sinnvoll ist es, das Thema für das Rollenspiel gemeinsam von den Teilnehmern entwickeln zu lassen und das Spiel mit Tonband, Kassette oder Video aufzuzeichnen. Videoaufzeichnungen sollten erst gemacht werden, wenn die Atmosphäre der Gruppe hierfür „reif" ist. Die Auswertung der Aufzeichnung und entsprechende Feedback-Gespräche muss der Trainer methodisch vorbereiten und durch gemeinsame Regeln davor sichern, dass diese in einfache gegenseitige Vorwürfe und Verteidigungs- oder Rechtfertigungsspiele ausarten.
Gerade durch Rollentausch kann soziales Lernen und Einstellungslernen möglich werden.

✔ Regeln für das Rollenspiel

- Geben Sie den Spielern Rollenvorgaben, die realistischen Situationen aus dem eigenen Erfahrungsbereich entsprechen.
- Die vorgegebene Situation wird gespielt, wobei die Spieler sich in ihre Rolle einleben, aber nicht schauspielern sollen.
- Diejenigen, die nicht am Spiel beteiligt sind, beobachten das Spiel aufgrund vereinbarter Kriterien.
- Nach dem Spiel teilt jeder Spieler mit, wie er sich selbst und den Gegenspieler erlebt hat (Selbst- und Fremdbild).
- Danach stellen die Beobachter übereinstimmende und besonders abweichende Meinungen bei der Analyse der Spieler fest.
- Anschließend findet eine Diskussion statt (breites Meinungsspektrum).
- Am Schluss fassen Sie die wichtigsten Aspekte zusammen und geben Ratschläge für Verbesserungen.

4.9 Unterweisung am Arbeitsplatz

Jede Unterweisung sollte in drei Stufen vorbereitet werden:

1. Ziele formulieren
2. Unterricht planen
3. Erfolgskontrollen vorbereiten

Formulierung von Lernzielen

Lernziele bedürfen einer konkreten und operationalen Beschreibung. Mager nennt es die Beschreibung des Endverhaltens des zu Unterrichtenden.
Bei den Beschreibungen darf nicht vom Lehrer ausgegangen werden, sondern diese müssen vom Zustand des Lernenden aus aktiv formuliert werden.

Beispiel

Falsch ist:
Ich werde den Teilnehmern das Ohm'sche Gesetz näherbringen.
(Es wird weder vom Lernenden ausgegangen, noch wird der Endzustand konkret formuliert.)
Richtig ist:
Die Teilnehmer sollen das Ohm'sche Gesetz anwenden können.

Eine operationale Lernzielbeschreibung sollte wie folgt aussehen:

Beispiele

Die Teilnehmer sollen Abrechnungen prüfen können.
Die Schüler sollen ein Gedicht aufsagen können.
Der Auszubildende soll eine Anlage montieren können.
Der Adressat soll ein Gewinde bohren können.
Wie der Einzelne zu diesem konkret formulierten, operationalen Lernziel kommt, ist Sache des geplanten Unterrichts.

Eine Zielhierarchie erleichtert es, Lernziele zu formulieren und eine spätere Erfolgskontrolle durchzuführen.

Als oberstes Ziel steht demnach das Leitziel, zum Beispiel:
Der Auszubildende soll die Gesellenprüfung bestehen.
Wie und mit welchen Schritten dieses operationale Lernziel erreicht wird, ist nicht näher nachvollziehbar. Die Erfolgskontrolle ist jedoch eindeutig die Gesellen- oder Kaufmannsgehilfenprüfung. Die Planung betrifft den Durchlauf der Abteilungen.

Unter den Leitzielen liegen die Grobziele, zum Beispiel: *Der Schüler soll die Bedeutung einer Unternehmung kennen lernen.* Oder: *Der Auszubildende soll über den Nutzen eines Servers für einen sicheren Informationsfluss im Betrieb Bescheid wissen.*

Solche Grobziele sollten nie allein stehen. Sie müssen durch Feinziele konkretisiert werden.
Ein Grobziel kann nur einen Zwischenstand formulieren, zum Beispiel die Kenntnisse, die ein Schüler nach einem Ausbildungsabschnitt haben soll, oder das Wissen, das ein Auszubildender nach dem Besuch einer Abteilung haben sollte. Feinziele sind dann genauso abfragbar, zum Beispiel: *Der Teilnehmer kann eine Zeichnung anfertigen, der Adressat kann eine Bilanz aufstellen.*

Je nachdem, ob mit einem Lernziel mehr der Verstand, das Gefühl oder handwerkliche Fertigkeiten angesprochen werden, unterscheidet man drei Lernzielkategorien:

1. Lernziele aus dem kognitiven Bereich (lat. cognoscere = erkennen)
   Kategorie des Denkens, des Wissens, des Erkennens, des Intellekts.
   Beispiel: *Mitarbeiter soll die Bauteile eines Gerätes aufzählen können.*
2. Lernziele aus dem affektiven Bereich (lat. affidere = einwirken, in Stimmung versetzen)
   Kategorie der Empfindung, der inneren Einstellung, der Motivation, des Gefühls.
   Beispiel: *Mitarbeiter soll sich mit der Kultur seines Unternehmens identifizieren können.*
3. Lernziele aus dem psychomotorischen Bereich (griech. psycho = Geist, Seele und lat. motus = Bewegung)
   Kategorie des körperlichen, durch Muskelbewegung hervorgerufenen Handelns.
   Beispiel: *Mitarbeiter soll die Einzelteile einer Maschine zusammenbauen können.*

Unterrichtsplanung

Die Formulierung der Lernziele strukturiert die Lerninhalte, ersetzt jedoch keine Planung. Voraussetzung für jede Planung ist die Analyse.

✔ Analysieren Sie die Voraussetzungen

Wie ist der Kreis der zu Unterrichtenden beschaffen?

Ausschlaggebend hierbei ist das Alter der Adressaten, der Status, die Vorbildung.

Welche Art der Fertigkeit ist zu vermitteln?

Soll der Lernende manuelle Fertigkeiten beherrschen, wie das Feilen eines Quaders oder das Zusammensetzen einer Maschine, oder soll er soziointegrative Fähigkeiten erlernen, wie das Führen einer Projektgruppe?

In welcher Form ist der Auszubildende anzusprechen?

Beispiel: Durch Vermittlung psychomotorischer Fähigkeiten.
Lernziel: Der Lernende soll einen Quader zu einem Zylinder feilen können.
Form der Vermittlung: Üben, Trainieren der psychomotorischen Fähigkeiten.

Bei dem vorgenannten Beispiel muss der Auszubildende nicht unbedingt den Sinn der Tätigkeit verstehen, es nützt ihm auch nicht viel, wenn er theoretisch weiß, wie es geht, er muss es ausführen können. In diesem Fall ist üben oder trainieren die richtige Lehrmethode.

Mit welcher Methode soll das Wissen oder Können vermittelt werden?

Handelt es sich um einen erklärungsbedürftigen Lehrstoff oder kann sich der Auszubildende den Lehrstoff anlesen?
Ist es sinnvoll, das Wissen in einem Unterrichtsgespräch zu vermitteln, oder erreicht man das Lernziel einfacher per Frontalunterricht?
Beispiel: Der Lernende soll eine Bilanz erklären können.
Dieses Lernziel ist am einfachsten in einem Unterrichtsraum per Frontalunterricht an Beispielen zu erreichen. Etwaige Fragen werden am Unterrichtsende im Plenum beantwortet.

Welchem Lerntyp gehört der Teilnehmer an?

Diese Frage ist schwierig zu beantworten, da eine zufriedenstellende Antwort eine genaue Kenntnis der Lernenden voraussetzt. Dies ist nur bei speziellen Managementausbildungen und bei Einzelunterricht möglich.
In der Lehrlingsausbildung sollte der Ausbilder sich jedoch bei der Vorbereitung von Begleitgesprächen und Abschlussgesprächen nach dem Erreichen bestimmter Lernabschnitte hierüber sehr intensiv Gedanken machen.

Welche Lehrmittel sollen eingesetzt werden?

Lehrmittel sind sämtliche Hilfsmittel, die den Unterricht unterstützen, also nicht Bleistift und Papier, sondern zum Beispiel: Ein Buch, wenn der Auszubildende ein (visueller) Sehtyp ist.
Ein Datenterminal, wenn die Bedienung einer Maschine geübt werden soll.
Ein Taschenrechner kann ein Lehrmittel sein, zum Beispiel zum Programmiertraining, oder nur ein Hilfsmittel – als einfache Rechenhilfe.
Weitere Hilfsmittel sind Tafel, Flipchart, Overheadprojektor, wenn sich der Ausbilder ihrer bedient, um den Unterrichtsstoff zu visualisieren. Arbeitet der Lernende damit, so ist es eine Hilfe für ihn, den Lernstoff zu beherrschen und daher ein Lehrmittel. Dieser Einsatz der Lehr- und Lehrhilfsmittel muss geplant werden.

Aufbauend auf den Antworten aus dieser Analyse kann dann die Planung erfolgen. Die Planung der Wissensvermittlung muss immer unter didaktischen Grundsätzen erfolgen. Als Grundgesetz gilt für jede Didaktik:

Vom Einfachen zum Schweren.

In der Schule beginnt der Mathematikunterricht mit den Grundrechnungsarten, Prozentrechnen erfolgt erst wesentlich später. Die Vermittlung beruflicher Fertigkeiten muss nach den gleichen Gesichtspunkten erfolgen.

Erfolgskontrolle

Prüfungsaufgaben zur Erfolgskontrolle werden erst nach der Beschreibung des Lernziels ausgewählt und formuliert. Dies bedeutet, dass Lernziele abgefragt werden können.
Am einfachsten ist es, ein Lernziel in Frageform zu kleiden und abzufragen, bzw. die zu beherrschende Tätigkeit ausführen zu lassen, was jedoch in der Regel einen enormen Zeitaufwand von beiden Seiten erfordert. Außerdem beinhaltet diese Frageform häufig Prüfungsfehler. Der zu Prüfende steht unter erheblichem Stress und hat geringere Möglichkeiten, Fehler zu korrigieren.
Es empfiehlt sich daher, wenn möglich, das erworbene Wissen in Form einer Unterhaltung, eines freien Gesprächs zu prüfen, zumal dabei auch eigene didaktische und methodische Fehler zur Sprache kommen können.

Ist ein Gespräch in dieser Form nicht möglich, so stehen als weitere Möglichkeiten zur Auswahl:

- frei zu beantwortende Aufgaben
  z.B.: *An welchem Fluss liegt Nürnberg?* Antwort: *An der Pegnitz.*
- Ergänzungsform
  z.B.: *Wasser besteht aus Wasserstoff und ...*
  Antwort: ... *Sauerstoff.*
- Korrekturform
  Eine falsche Behauptung wird korrigiert. Von dieser Form ist aus didaktischen Gründen abzuraten, da sich falsche Behauptungen oft als richtig einprägen können.
- Aufsatzform bzw. Skizzenform
  z.B.: *Beschreiben Sie die funktionellen Abläufe beim Datentransfer in einer Zentraleinheit. Zeichnen Sie eine Skizze dazu.*

- Richtig-Falsch-Form
  z.B.: *Eisen hat ein geringeres spezifisches Gewicht als Kupfer*
  Antwort: *Richtig/Falsch*
- Multiple-Choice-Verfahren (Mehrfach-Wahl-Aufgabe)
  Zu einer Frage gehören mehrere Antworten, von denen eine richtig ist. Bei einem modifizierten Verfahren gibt es mehrere Antworten. Es ist die am einfachsten zu handhabende Methode.

Für die Leistungsüberprüfung nach dem Durchlaufen bestimmter Ausbildungsabschnitte bieten sich so genannte lernzielorientierte Prüfungsaufgaben an.

Beispiel

Der Adressat soll einen Scheck richtig ausstellen können.
Ergänzungsform:
Füllen Sie den Scheckvordruck aus. Folgende Angaben sollen vorhanden sein: ...
Aufsatzform:
Geben Sie an, auf welche Punkte man beim Ausfüllen eines Schecks zu achten hat.
Selbstverständlich muss hier kein Aufsatz geschrieben werden. Der Kandidat zählt kurz in beschreibender Form die Details auf.

Sinnvoll ist es, den Auszubildenden eine Aufgabe ausführen zu lassen und anschließend mit ihm seine Schwierigkeiten und Fehler zu besprechen.
Dies ist jedoch erst dann möglich, wenn Grundkenntnisse vorhanden sind, auf die aufgebaut werden kann.

Demonstration

Diese Unterweisungstechnik spielt vor allem bei psychomotorischem Lernen eine Rolle: Ein Fußballtrainer sollte etwas vormachen können. Ein Ausbilder soll das Handhaben einer Feile demonstrieren können. Die Bedienung von Terminals soll in „Fleisch und Blut“ übergehen. Richtiges Vormachen ist hier unerlässlich.

5 Visualisierungsmöglichkeiten der Präsentation

Bei der Präsentation müssen Sie Ihre Ideen, Konzepte, Arbeitsergebnisse oder Produkte dem Publikum beziehungsweise den Teilnehmern „sinnlich“ vermitteln. Nur ein einziges Sinnesorgan, das Ohr, anzusprechen, reicht keinesfalls! Zumindest sollten Sie Ihre Zuhörer auch zu Zusehern machen. Sie müssen Ideen sichtbar machen, damit Ihre Zuhörer ein Bild von den Zielen, Inhalten und Maßnahmen erhalten, die Sie vermitteln wollen. Im Idealfall geben Sie ihnen sogar die Möglichkeit zu fühlen, also etwa Produktbeispiele zu berühren.
In jedem Fall gilt also die alte chinesische Weisheit: „Ein Bild sagt mehr als tausend Worte“.

Jeder Mensch entspricht zwar einem individuellen Lerntyp (vgl. Kapitel 1), doch er ist auch ein „visueller Typ“. Über Bilder lassen sich schwierige Informationen leichter fassbar machen. Allerdings bedarf es einer gewissen Übung, mit Bildern zu arbeiten und mit ihnen wirkungsvoll umzugehen.

Behaltensquote

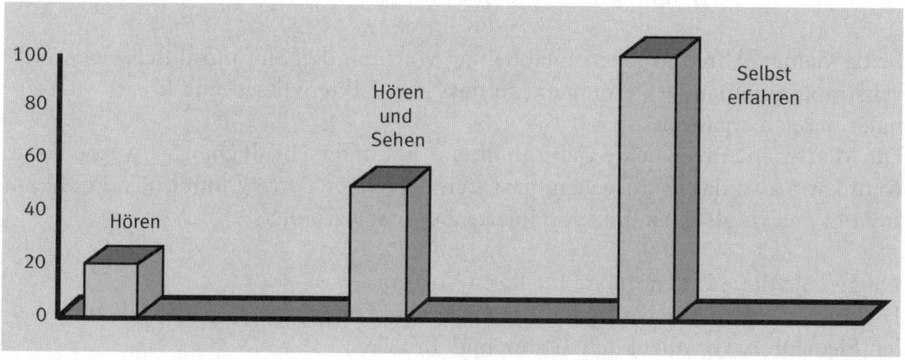

Abb. 25 Die Behaltensquote zeigt, dass die Zuhörer vom Gesagten doppelt so viel im Gedächtnis behalten, wenn die Möglichkeiten der Visualisierung genutzt werden.

5.1 Denken in Bildern

Der Mensch ist ein „Augentier“. Etwa 80 Prozent seiner Sinneswahrnehmungen werden über die Augen an das Gehirn weitergegeben. Wer sich nur auf Hören verlässt, riskiert, dass Zuhörer abgelenkt werden und die Information nicht mitbekommen. Daher sollten Sie bei Ihrer Präsentation Bilder nutzen und eine möglichst bildreiche Sprache sprechen: Zeigen Sie, was Sie zu sagen haben!

5.1.1 Informationen gehirngerecht vermitteln

Die Gehirnforschung gibt uns einige Anhaltspunkte, warum Visualisierung für die Präsentation so wichtig ist.
Mit der rechten Gehirnhälfte erfasst der Mensch Bilder, die mit den Augen aufgenommen werden. Dort werden Gefühle, Sympathien sowie Antipathien und Intuitionen zu wahrnehmbaren Informationen verarbeitet. Hier befindet sich auch das Zentrum der Kreativität.

Mit der linken Gehirnhälfte speichern wir Sprache und Daten. Sie ähnelt einem Computer, in dem Fachwissen, Analysen, Ergebnisse und Formeln verarbeitet werden. Außerdem sind Sprach- und Lesebegabung sowie sprachliche Kommunikation in der linken Gehirnhälfte angesiedelt. Hier werden Schlüsse gezogen und Sachverhalte bewertet, hier findet die Steuerung für handwerkliche Fähigkeiten, für sportliche Aktivitäten und für mechanische Abläufe statt.

Beide Gehirnhälften arbeiten unabhängig voneinander. Sie sind durch einen Nervenstrang miteinander verbunden, so dass sich Faktenwissen und kreativ-emotionaler Bereich ergänzen.
Die Menschen nutzen beide Gehirnhälften – mit unterschiedlichen Schwerpunkten. Man kann also davon ausgehen, dass sich bei einem Vortrag unter dem Publikum sowohl rechts- als auch linksdominierte Zuhörer befinden.

Nutzen Sie diese Erkenntnisse für Ihren Vortrag:
Die linke Gehirnhälfte ist digital organisiert und entspricht den abstrakten visuellen Elementen, vor allem den Texten und Tabellen.
Verwenden Sie deshalb diese Darstellungsformen, wenn Ihre Zuhörer Zahlen behalten oder analysieren sollen, oder falls sie aus Einzelheiten Schlüsse zu ziehen haben.

Hingegen arbeitet die rechte Gehirnhälfte analog und denkt in Bildern – von der Strukturdarstellung bis hin zum Abbild der Realität.
„Auf einen Blick“ werden Erkenntnisse gewonnen, es gibt Aha-Erlebnisse und „Einblicke“, „augenblicklich“ sind Zusammenhänge und Trends erkennbar.

Jeder Mensch macht sich vom Wortinhalt ein eigenes Bild, riskieren Sie daher keine Missverständnisse. Daher gilt:
Bild und Text gemeinsam machen Kommunikation effektiv.

5.1.2 Ziele der Visualisierung

Die optische Darstellung ergänzt das gesprochene Wort. Ihr Ziel ist es,
- unterschiedliche Lerntypen anzusprechen.
- mehr Aufmerksamkeit beim Zuhörer zu erlangen.
- das Vorgetragene leichter erfassbar zu machen.
- Wesentliches zu verdeutlichen.
- den Zuhörer mit einzubeziehen.
- längere Aussagen auf eine kurze und einprägsame Art zu reduzieren.
- einen „roten Faden“ sichtbar zu machen.
- das Behalten zu fördern.
- das Publikum zu Stellungnahmen aufzufordern.

5.2 Möglichkeiten der Visualisierung

Früher benötigte man Millimeterpapier, Lineal, Farbstifte, Schere, Klebstoff und vor allem Zeit, um mit viel Aufwand eine Visualisierung vorzubereiten.
Heute können für eine Präsentation Computerprogramme und Medien genutzt werden. Dies – so scheint es – erleichtert zunächst die Visualisierung. Eine einfache Grafik ist am Computer meist schnell erstellt. Cliparts beispielsweise, also illustrierende kleine Bildchen, bietet mittlerweile jedes Schreib-, Zeichen- oder Grafikprogramm. Aber lassen Sie sich nicht täuschen: Zum einen ist der Anspruch Ihrer Zuhörer gestiegen: die Bilder müssen passend gewählt, die Diagramme klar strukturiert sein. Zum anderen verführt die Technik zu Spielereien, die von der Präsentation ablenken statt sie zu unterstützen: Längst ist nicht alles, was möglich ist, auch sinnvoll! Achten Sie darauf, dass man bei solchen Anwendungen nicht übertreibt und die Präsentation möglicherweise dabei überfrachtet.

Achtung: Visualisieren ja, aber keine Bilderflut!

Halten Sie sich immer vor Augen,
- wen Sie ansprechen wollen (Zielgruppe) und
- wozu die Darstellung dienen soll (Ziel).

Einige der wichtigsten Punkte, die bei der Vorbereitung einer Präsentation zu berücksichtigen sind, sollen im Folgenden erläutert werden.

5.2.1 Texte

Die am häufigsten angewandte Form, Informationen zu visualisieren, ist natürlich das geschriebene Wort.
Damit ein Text für den Empfänger gut sichtbar ist, sollten Sie einige Regeln beachten:

Der Text muss gut lesbar sein.
- Sollten Sie den Text per Hand erstellen, schreiben Sie in Druckschrift.
- Verwenden Sie einen Computer, dann achten Sie auf einfache Schrifttypen. Empfehlenswerte Schriftarten sind Arial, Avant Garde, Helvetica oder Futura. Die verwendete Schriftart sollten Sie wenig oder gar nicht mit anderen vermischen.
- Als Minimum für die Schriftgröße sollten Sie 20 bis 24 Punkt nutzen.
- Überschriften sollten um mindestens 4 Punkt größer sein.
- Achten Sie auf einen möglichst hohen Kontrast. In der Regel ist als Schriftfarbe schwarz auf hellem Hintergrund am besten geeignet.
- Nutzen Sie die Möglichkeiten von Hervorhebungen durch Fettdruck, Kursiv oder Unterstreichungen.
- Nutzen Sie Farben gezielt, also nur dort, wo Sie einen starken Effekt erzeugen wollen. Zu viele Farben können verwirren.

Berücksichtigen Sie Lesegewohnheiten.
- Schreiben Sie immer von links nach rechts und verwenden Sie Groß- und Kleinbuchstaben.
- Beginnen Sie die Darstellung links oben.
- Unterlassen Sie die aus dem Juristendeutsch stammende Unart, überwiegend Substantive zu verwenden. Meiden Sie Wörter mit „-ung“, verwenden Sie mehr Verben. Das zwingt Sie zu einer klaren Aussage und erhöht die Erinnerungsleistung bei den Lesern.

Verwenden Sie eine einfache und prägnante Sprache.
- Kurze Sätze und geläufige Wörter sind einfach aufzunehmen. Verwenden Sie Telegrammstil, also Kernaussagen statt Volltext.

Darstellung

- Achten Sie auf eine durchgängig einheitliche Darstellung.
- Gliedern Sie den Text. Teilen Sie den Text in optische Blöcke mit Überschriften und Zwischenüberschriften.
- Haben Sie „Mut zur Lücke“: Freiflächen und großzügige Zeilenabstände erleichtern die Lesbarkeit.
- Verwenden Sie für jeden Ihrer Hauptgedanken eine eigene Seite. Jeder der „Screens“ oder Folien sollte jedoch einen „roten Faden“ erkennen lassen und in den Gesamtzusammenhang einzuordnen sein.
- Verwenden Sie Querformat. Das unterstützt die Lesbarkeit, denn die unteren 30 cm der Projektionsfläche bleiben automatisch frei.
- Verwenden Sie auch Grafiken oder Symbole.

5.2.2 Grafiken, Symbole und Cliparts

Grafiken, Skizzen und Symbole verdeutlichen Informationen und können diese hervorheben.

Dabei können Sie standardisierte und individualisierte Symbole verwenden.
Falls Sie mit Pinnwänden oder Magnettafeln arbeiten, dann eignen sich dazu Moderationsmaterialien, wie Ovale, Kreise, Rechtecke oder Wolken. Diese gibt es vorgefertigt zu kaufen.
Sowohl im Internet als auch über jede Standardsoftware (wie beispielsweise Microsoft Word oder PowerPoint) finden Sie eine Vielzahl von Symbolen und Grafiken. Die einfachsten Symbole sind Bestandteil der Schriftarten, in der Regel gibt es zudem eine „Clipart-Sammlung“ mit Grafiken, die über den Befehl „Einfügen“ übernommen werden können.

Abb. 26 Beispiele für Cliparts

5.2.3 Tabellen und Diagramme

Mithilfe von standardisierten Darstellungsformen wie beispielsweise:

- Tabelle
- Kurvendiagramm
- Kreisdiagramm
- Säulendiagramm
- Balkendiagramm

oder Sonderformen, wie:

- Ablaufdiagramm (Netzplan)
- Aufbaudiagramm (Organigramm)
- Mind Map

verdeutlichen Sie unter anderem mathematische und logische Zusammenhänge, Entwicklungsabläufe oder Größenverhältnisse. Sie veranschaulichen so Bestandsgrößen, Prozesse und Strukturen.
Bevor Sie sich für eine bestimmte Darstellungsform entscheiden, müssen Sie zunächst Ihre Aussage festlegen.
Je nach Aussagetyp ergibt sich daraus ein bestimmter Diagrammtyp.

Diagramm-Typ	Beabsichtigte Aussage Anteil	Kontrast	Trend
Kreis 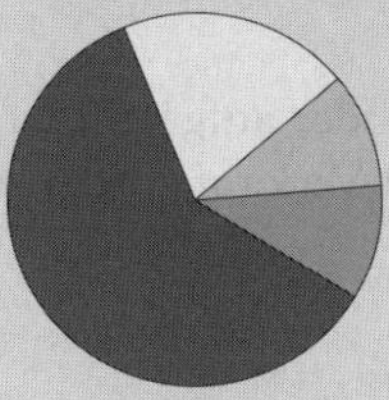	X	X	
Säule 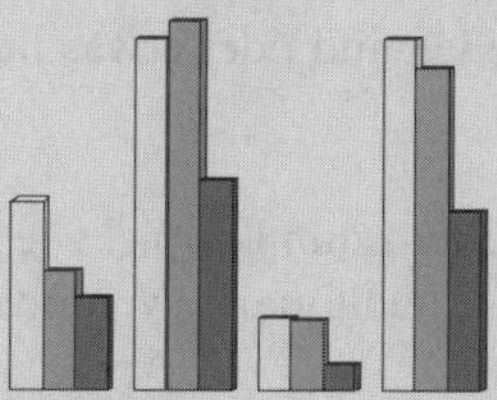		X	X
Balken 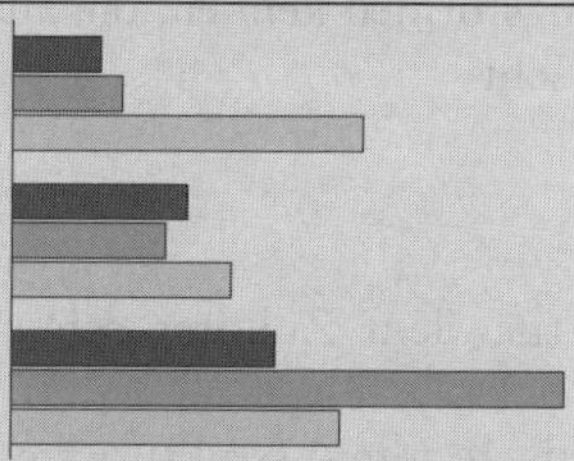		X	
Block 100% 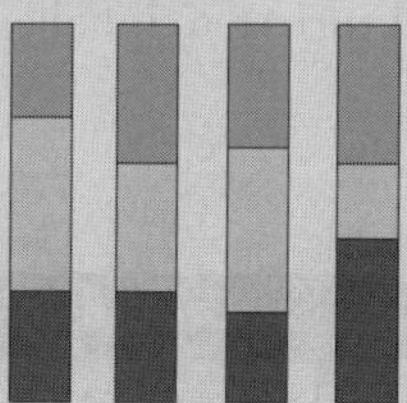	X	X	X
Linie 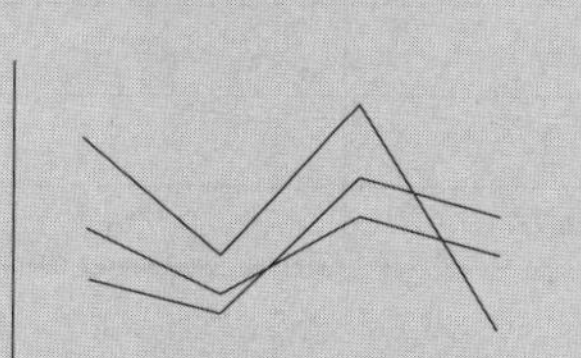			X

Abb. 27 Verschiedene Diagrammtypen

Für die Einteilung in die drei wichtigsten Aussagetypen helfen Ihnen folgende Fragen:

- **Anteil:**
  Wollen Sie zeigen, wie sich ein Ganzes zusammensetzt oder aufgeteilt wird, welchen Anteil beispielsweise eine Aktion an der gesamten Verkaufsförderung hat?

- **Kontrast:**
  Geht es um Unterschiede?
  Wollen Sie ein bestimmtes Produkt gegenüber anderen hervorheben?
  Wollen Sie zeigen, an welcher Stelle der Rangfolge jemand oder etwas liegt?

- **Trend:**
  Geht es darum, Entwicklungen in der Zeit darzustellen, zum Beispiel wie sich das Verkaufsergebnis in einer bestimmten Region im letzten Quartal verändert hat?

Im Folgenden lernen Sie die einzelnen Darstellungsformen kennen, die auch jedes PC-Schreib- und Präsentationsprogramm beherrscht.

1. Tabelle

Texttabellen ermöglichen es durch ihre Struktur, dem Zuhörer schnell einen Überblick zu verschaffen.
Bullet-Charts nennt man linear (also von oben nach unten) strukturierte Textbilder. Sie sind eine Vorstufe der in zwei Richtungen strukturierten Tabellen (zeilen- und spaltenweise).

ADM	Umsatz	Umsatz / Vorjahr	Verändert
Meier	150	109	– 41
Müller	505	595	+ 90
Schulz	980	1025	+ 45
Friedrich	450	425	– 25

Abb. 28 Beispiel für eine zeilen- und spaltenweise strukturierte Tabelle

Tabellen eignen sich insbesondere zur Auflistung und Gegenüberstellung von:
- Umsatzzahlen
- Verkaufszahlen
- Lagerbestandszahlen
- Fehlerquoten
- Chancen-Risiken-Analysen

✔ Gestaltung von Tabellen

- Erstellen Sie bedarfsorientierte Tabellen. Übernehmen Sie also nicht einfach Tabellen aus einem Bericht, der für eine andere oder allgemeinere Zielgruppe erstellt wurde.
- Beachten Sie die Lesegewohnheiten, beschriften Sie nur horizontal.
- Die Tabelle muss in Aussage und Darstellung exakt übereinstimmen.
- Gehen Sie nicht zu sehr ins Detail (bei Zahlen sind drei Stellen hinter dem Komma in der Regel zu viel).
- Haben Sie Mitleid mit Ihrem Publikum: Verwenden Sie nur Zahlenreihen, die wirklich nötig sind. Die Kunst der Tabellengestaltung liegt nicht darin, Datensätze umfassend darzustellen, sondern mit Hilfe der wichtigsten Zahlen „auf den Punkt“ zu kommen.
- Verwenden Sie Überschriften, die für sich sprechen.

Vergleichbares gilt auch für gängige Diagrammtypen. Grundsätzlich sollten Sie bei jeder dieser Darstellungsformen folgende Punkte beachten.

✔ Gestaltung von Diagrammen

- In der Regel sollten Sie für jedes Diagramm eine eigene Folie verwenden.
- Achten Sie auch auf einen aussagekräftigen Titel und eine eindeutige Legende.
- Verwenden Sie nicht mehr als vier Farben.
- Nutzen Sie – soweit möglich – dreidimensionale Darstellungen. Diese wirken attraktiver.
- Wenn Sie mehrere Diagramme nutzen, achten Sie auf eine durchgängig einheitliche Gestaltung.
- Nennen Sie die Quelle für Ihre Daten.

2. Kurvendiagramm

Eine Linie verbindet Messpunkte in der Zeit. Das Kurvendiagramm, auch Liniendiagramm genannt, dient vor allem dem Aufzeigen von Entwicklungen und der vergleichenden Darstellung von Prozessen.

Wird dieses Diagramm zur Darstellung von Mengen verwendet, dann glättet die Linie optisch diese Entwicklung.
Ein Säulendiagramm mit den gleichen Informationen würde hingegen die Unterschiede betonen.

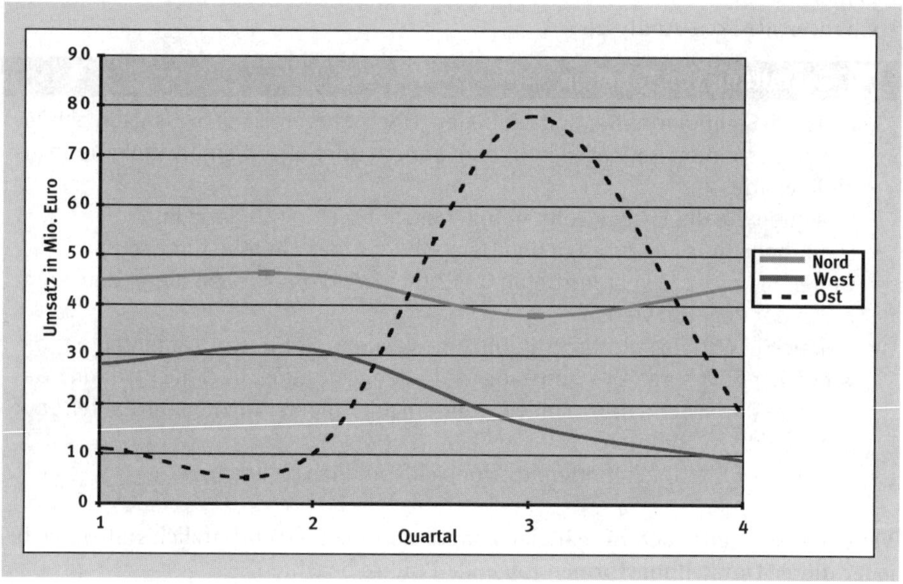

Abb. 29 Beispiel für ein Kurvendiagramm

Kurvendiagramme setzt man beispielsweise ein zur Darstellung von:
- Umsatzentwicklung
- Kostenentwicklung
- Marktanteilsentwicklung
- Lebenszyklen (beispielsweise einzelner Produkte oder Produktgruppen)

✔ Gestaltung eines Kurvendiagramms

- Ausgangspunkt ist der Nullpunkt des Koordinatensystems.
- Die horizontale Achse (= Abszisse) verwendet man in der Regel für die Darstellung des zeitlichen Ablaufs.
- Die vertikale Achse (= Ordinate) dient der Mengenangabe.
- Auf die geeignete Achseneinteilung (Maßstab) ist zu achten, da sie den Kurvenverlauf bestimmt.

- Wichtig ist eine genaue Bezeichnung der Achsen.
- Genauso wichtig ist eine genaue Bezeichnung der Kurven.
- Verschiedene Linien sollen durch ihre unterschiedliche Optik (durchgezogen, gestrichelt, gepunktet) zu differenzieren sein.

3. Kreisdiagramm

Durch ein Kreisdiagramm (auch: Tortendiagramm oder Sektorenbild genannt) zeigen Sie Anteilsverhältnisse zu einem bestimmten Zeitpunkt oder für einen bestimmten Zeitraum.

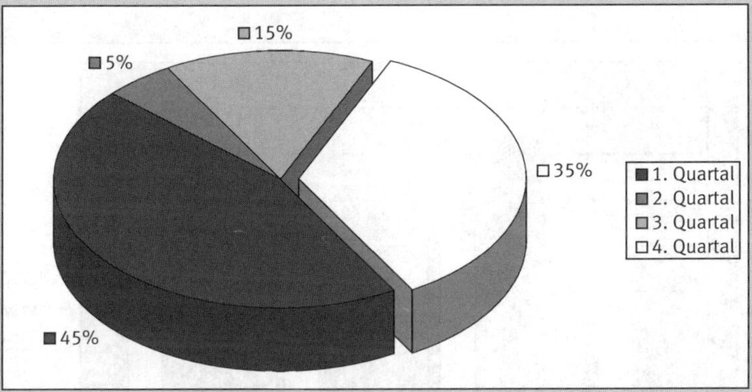

Abb. 30 Beispiel für ein Kreisdiagramm

Das Kreisdiagramm gibt einen Gesamtüberblick beispielsweise über:
- Umsatzanteile
- Marktanteile
- Kostenanteile
- Sitzverteilung (etwa im Bundestag)

Gestaltung eines Kreisdiagramms

- Stellen Sie die Teilmengen nicht zu klein dar, sie müssen lesbar bleiben.
- Trennen Sie einzelne Teilmengen optisch eindeutig – zum Beispiel durch Schraffuren oder Farben.
- Benennen Sie die Teilmengen – außerhalb des Kreises oder im Kreissegment.

4. Säulendiagramm

Wollen Sie Mengen zu bestimmten Zeitpunkten darstellen, sollten Sie Säulendiagramme verwenden.
Die Säule ist eine gute Darstellungsform, um Entwicklungen in der Zeit zu zeigen und gleichzeitig (durch Säulengruppen zu bestimmten Zeitpunkten) Unterschiede auszudrücken.
Gestapelte Säulen, eine häufig verwendete Sonderform, zeigen die Entwicklung einer zusammengesetzten Menge (beispielsweise die Verkaufsergebnisse unterschiedlicher Produkte eines Unternehmens).
Säulen- und Balkendiagramme zeigen Unterschiede absoluter Zahlen, nicht Verläufe.

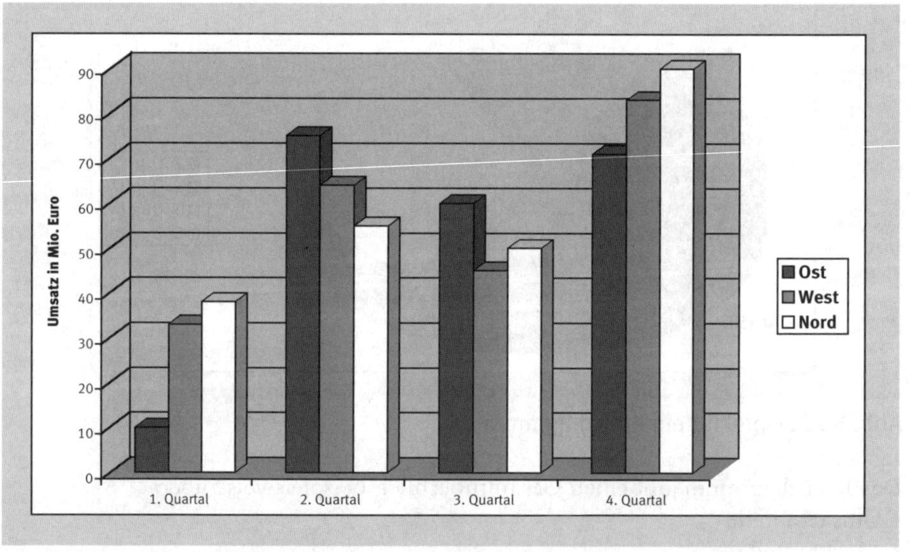

Abb. 31 Beispiel für ein Säulendiagramm

Säulendiagramme verwendet man vor allem zur Gegenüberstellung von Werten, wie beispielsweise:
- Umsätze
- Lagerbestände
- Fluktuation pro Betriebsteil
- Wahlergebnisse

✔ Gestaltung eines Säulendiagramms

- Entscheiden Sie entsprechend der Aussage, ob absolute Zahlen, Prozentangaben oder kumulierte Werte gezeigt werden sollen.
- Achten Sie auf die Achseneinteilung, damit die gewünschte Aussage eindeutig ist.
- Zeichnen Sie Säulen von gleicher Breite, ihre Abstände sind kleiner als ihre Breite.
- Skalieren Sie die Achsen und beschriften Sie diese deutlich.
- Beschriften Sie die Säulen.

5. Balkendiagramm

Die Anordnung von Balken untereinander betont auch kleine Unterschiede, die man durch ein Kreisdiagramm schlecht darstellen kann. In vielen Fällen können Sie für Ihre Darstellung zwischen Balken- und Säulendiagramm dasjenige auswählen, das Ihnen sympathischer ist. Doch eine Ausnahme sollten Sie beachten:
Wollen Sie Komponenten zu einem Zeitpunkt vergleichen, sind Balkendiagramme die geeignete Form. Verwenden Sie bei diesen Vergleichen keine Säulen. Dies ist ein Fehler, der oft vorkommt und beim Zuschauer nur zu Verwirrungen führt.

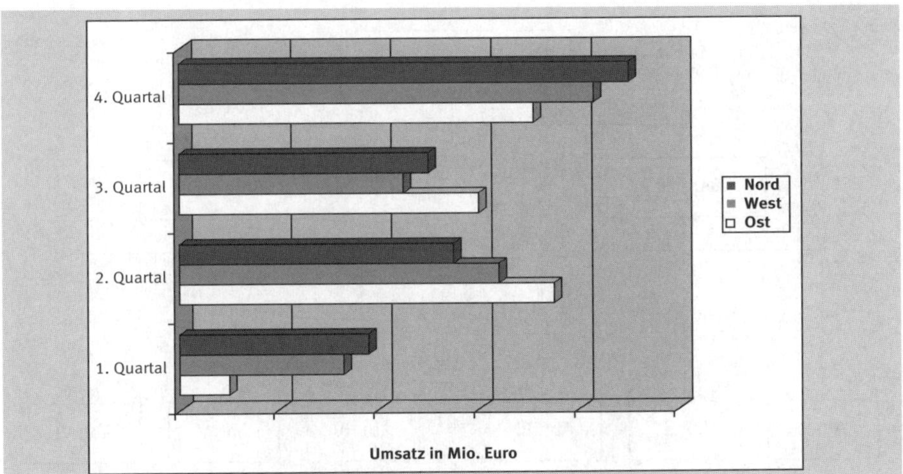

Abb. 32 Beispiel für ein Balkendiagramm

Die Gestaltung des Balkendiagramms entspricht der des Säulendiagramms.

6. Ablaufdiagramm (Netzplan) und Aufbaudiagramm (Organigramm)

Ablauf- und Aufbaudiagramme können Sie zur Darstellung von Abläufen und Strukturen verwenden.

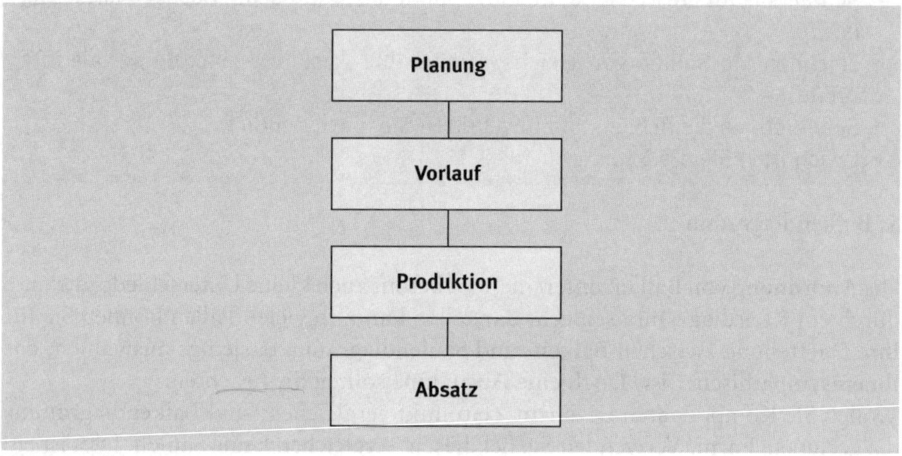

Abb. 33 Beispiel für Ablaufdiagramm (Netzplan)

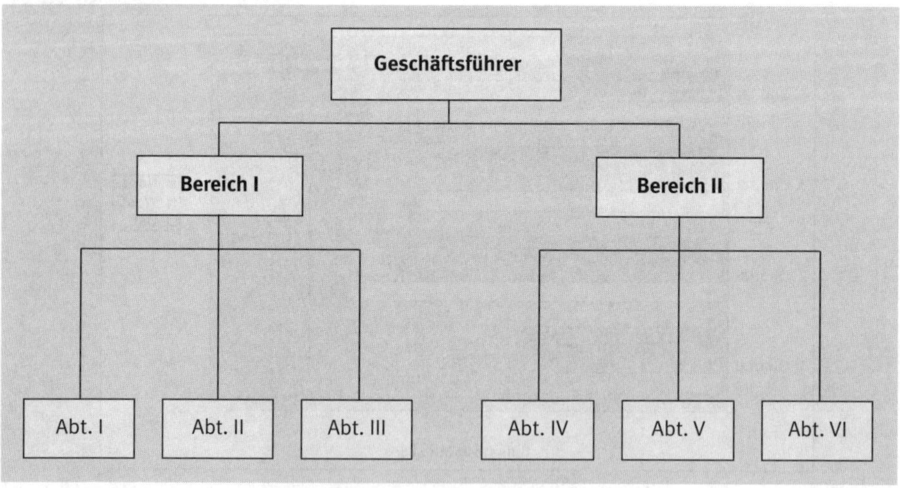

Abb. 34 Beispiel für Aufbaudiagramm (Organigramm)

Ablauf- und Aufbaudiagramme geben zum Beispiel Zusammenhänge wieder über:
- Ablauf von Projekten
- Ablauf von Prozessen
- Aufbau von Organisationen
- Aufbau von Produktgruppen

7. Sonderform Mind Map

Im Gegensatz zu herkömmlichen Notizen – aufgeschrieben von links oben nach rechts unten – oder Strukturdiagrammen werden die Gedanken bei einer Mind Map sehr bildhaft dargestellt. Um den Ausgangspunkt, das Thema, werden weitere Stichworte aufgefächert und mit Linien verbunden. Die Verknüpfung der Begriffe hilft, die Gedanken zu strukturieren und visualisieren. Es werden keine ganzen Sätze geschrieben, die Begriffe werden sinngemäß angeordnet und durch Linien (Äste) verbunden.
Dabei lässt sich anhand des Wachstums seiner Äste die Komplexität eines Themas gut darstellen, ohne dass die Zuhörer die Übersicht verlieren. Zur Darstellung von Mind Maps sind in der Zwischenzeit eine Vielzahl von Programmen wie etwa MindManager im Handel erhältlich.

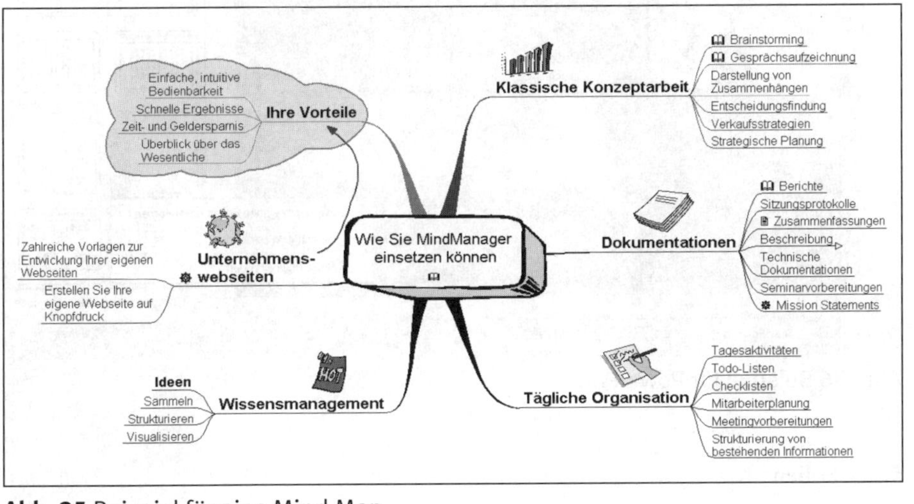

Abb. 35 Beispiel für eine Mind Map

5.2.4 Einsatz von PowerPoint

Neben spezieller Software wie etwa zur professionellen Erstellung von Mind Maps hat sich PowerPoint von Microsoft zu einem Standardprogramm für Präsentationen entwickelt. Nicht zuletzt deshalb, weil PowerPoint bei fast allen Softwarepaketen dieser Firma enthalten ist. PowerPoint ermöglicht es selbst Computernutzern mit wenig Erfahrung, in kurzer Zeit einzelne Folien (vgl. Kap. 5.2.5) oder ganze Präsentationen (einschließlich der Einbindung von Animationen und Videosequenzen) zu erstellen.

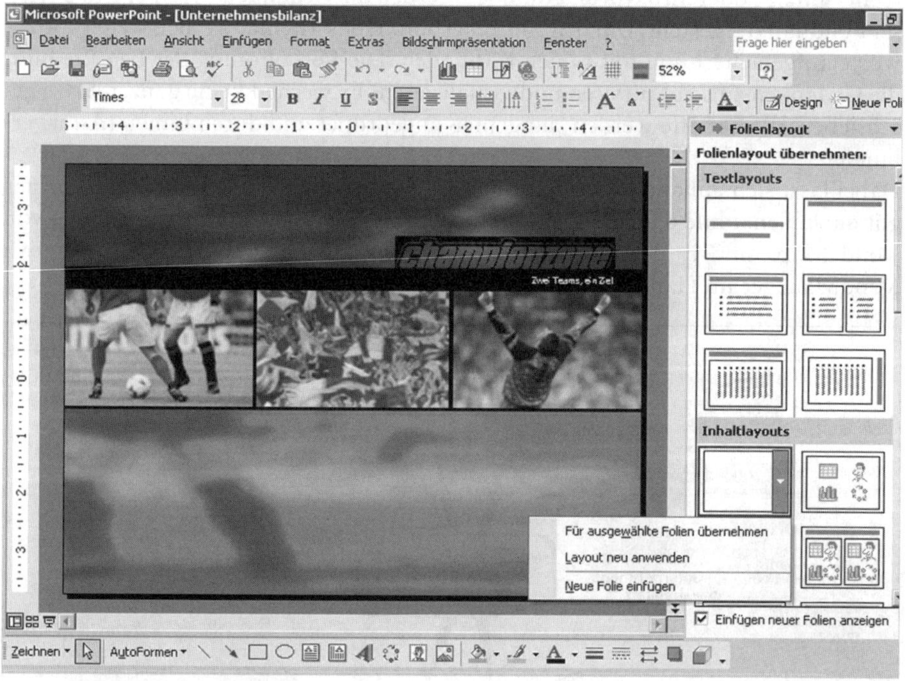

Abb. 36 Beispiel für PowerPoint

5.2.5 Folien

Bei Ihrer Präsentationsplanung sollten Sie zunächst entscheiden, ob Sie Kleinbilddias, Folien für den Overheadprojektor oder Präsentationen direkt aus dem Computer (auch hier spricht man oft von Folien, vgl. Kap. 6.6) verwenden wollen.

Es gibt einige Gründe, die dafür sprechen, die Folie dem Dia vorzuziehen:

- Folien für den Overheadprojektor sind preiswerter und lassen sich mit einem (Farb-)Drucker am eigenen Arbeitsplatz erstellen. Noch flexibler ist die Lösung mit der „Folie aus dem Computer".
- Folien kann man bei eingeschaltetem Licht vorführen, so dass Ihre Zuhörer konzentrierter und aufmerksamer bleiben.
- Augenkontakt zu Ihren Zuhörern ist möglich. Sie beziehen so die Zuhörer aktiv mit ein.
- Folien bieten Ihnen eine größere Flexibilität bei Ihrer Präsentation.
- Folien lassen sich während der Präsentation gemeinsam mit Ihren Zuhörern (und Zusehern!) entwickeln oder mit Anmerkungen versehen.

Und hier noch einige Tipps für die Verwendung von Folien:

✔ Gestaltung von Folien

- Verwenden Sie DIN-A4-Folien, am besten im Querformat, um eine optimale Platzaufteilung vornehmen zu können. Beim Einsatz von Computern ergibt sich diese Vorgehensweise automatisch.
- Verwenden Sie eine einfache und klar gegliederte Struktur, um die Aufnahmefähigkeit der Zuhörer nicht zu überlasten.
- Eine sinnvoll aufgebaute Folie nutzt Farben. Farben leiten das Auge, sie sind wichtige Gliederungshilfen.
- Folieninhalte sollten Sie kurz und knapp formulieren, stichwortartig und zielorientiert.
- Der komplette Foliensatz sollte einen „roten Faden" erkennen lassen.
- Achten Sie auf einfache Darstellungen und ordnen Sie alle Elemente der Folien übersichtlich an. Eine gute Folie ist auch in der letzten Reihe lesbar, wenn der kleinste gewählte Schriftgrad 20 Punkt (= 5 mm) nicht unterschreitet.
- Manche Overhead-Folien und deren Beschriftung sind sehr empfindlich. Bewahren Sie sie deshalb zum Schutz in Klarsichthüllen auf. Diese müssen unter Umständen bei der Präsentation nicht einmal entfernt werden.

5.2.6 Handouts

Oft ist es sinnvoll, Unterlagen für die Teilnehmer vorzubereiten, in denen die wesentlichen Aussagen der Präsentation enthalten sind.
Überlegen Sie vorher, zu welchem Zeitpunkt Ihrer Präsentation es angebracht ist, diese Unterlagen auszuteilen.

- Handouts können den Teilnehmern zur Vorbereitung dienen, vor allem, wenn es um komplexe Themen geht, bei denen alle Zuhörer den gleichen Informationsstand haben sollen.
- Handouts können die Gliederung der Präsentation enthalten, so dass das eben Gesagte besser in den Kontext eingeordnet werden kann.
- Handouts können auch zusätzliche Informationen enthalten, wie Beispiele oder ausführliche Erläuterungen zu Ihrer Präsentation.
- Die einfachste Form eines Handouts ist die Wiedergabe der Präsentation. Dazu werden die eigenen Unterlagen in der Reihenfolge, in der sie präsentiert werden, kopiert.

6 Einsatz von Hilfsmitteln (Medien)

6.1 Die Mischung macht's

Visualisierung ist ohne Medien nicht möglich. So weit, so gut. Welche Medien aber sollte man einsetzen?

Noch vor Jahren wurde der Einsatz eines einzigen Mediums, etwa des Overheadprojektors, als ausreichend empfunden. Das ist er in vielen Fällen auch heute noch. Doch warum sollte man in unserer Medienwelt auf weitere Möglichkeiten der Visualisierung verzichten? Zumal die ausschließliche Nutzung eines Overheadprojektors oft als eintönig empfunden wird und die Aufmerksamkeit der Zuhörer und Zuseher nachlässt.

Nutzen Sie einen Medien-Mix! Auf diese Weise können Sie – im wahrsten Sinne des Wortes – (hinter dem Medium Overhead) hervortreten und beispielsweise Handouts verteilen, Flipchart beschreiben oder einen kurzen Videofilm einspielen.

Multimediales Präsentieren hat noch einen weiteren, elementaren Vorteil: Fällt Ihnen ein Medium aus, so können Sie Ihre Präsentation immer noch – mit Improvisation und dem zweiten Medium – fortsetzen.

Welche Medien aber sind für welchen Zweck sinnvoll?
Als Faustregel gilt: Inhalte, die dem Überblick dienen oder die länger im Gedächtnis bleiben sollen, gehören auf das Handout, das Flipchart, die Pinnwand oder das Copyboard. Ergänzende Informationen und Herleitungen sind auf „kurzlebigeren" Medien wie Dias, Folien oder Computerscreens gut aufgehoben.

6.2 Magnettafel, Weißwandtafel

Die Tafel ist heute nicht mehr „in". Dennoch ist eine weiße, magnetische Tafel (Weißwandtafel), die man mit abwischbaren Filzstiften beschriften kann, sehr praktisch. Sie hat auch keineswegs an Bedeutung verloren.

Die Weißwandtafel ist eine Metallplatte, an der über Magnete Unterlagen, Kärtchen und Symbole angeheftet werden können. Gleichzeitig ist die Platte wie eine Tafel beschreibbar.

Aufgrund ihrer vielseitigen Verwendbarkeit, aber auch wegen ihrer niedrigen Anschaffungskosten sollte eine Weißwand- oder Magnettafel nach wie vor in jedem Schulungs- und Präsentationsraum vorhanden sein!

Abb. 37 Beispiel für eine Weißwandtafel

Vorteile:
- Präsentationen können vorbereitet, Darstellungen entwickelt werden.
- Ideal zum Abfragen und als Ideenspeicher.
- Jede gewonnene Erkenntnis, jeder behandelte Punkt wird an der Tafel festgehalten – bis sich ein Gesamtbild ergibt.

Nachteile:
- Die eingeschränkte Größe der Weißwandtafel führt für alle zu Sichtproblemen, die nicht in den ersten beiden Reihen sitzen.

6.3 Copyboard

Besondere Vorzüge besitzen Weißwandtafeln, die mit einem Kopierer oder Thermodrucker verbunden sind, so genannte Copyboards. Hier können Sie Ergänzungen zu Ihrer Präsentation auf die Tafel schreiben und sich und den Teilnehmern mit einem Knopfdruck eine Kopie von diesen Aufzeichnungen erstellen lassen.

Abb. 38 Beispiel für ein Copyboard

6.4 Flipchart

Der Flipchart-Ständer ist eine transportable Haltevorrichtung für spezielles Flipchart-Papier und eignet sich besonders für die Arbeit in kleinen Gruppen. Die beschriebenen Blätter (charts) kann man abtrennen (flippen).

Abb. 39 Beispiel für ein Flipchart

Vorteile:

- Einfach, preiswert, anspruchslos in Bezug auf Lichtverhältnisse.
- Es können keine technischen Pannen passieren. Das Papier wird mit Filzstiften beschriftet.
- Darstellungen können vorbereitet oder situativ entwickelt werden. Man kann sie mehrfach verwenden und sie bleiben während der Präsentation die ganze Zeit sichtbar.

Nachteile:

- Abhängig von Handschrift und grafischem Talent des Schreibenden.
- Bei einer vorbereiteten Präsentation ist der Referent unflexibel, er muss vor- und zurückblättern.
- Lässt sich wegen des Großformats schlecht archivieren, die Anschrift muss dann abgeschrieben, abgemalt oder fotografiert werden.

Das Flipchart ist heute kein tragendes Medium mehr, jedoch ein ideales ergänzendes Hilfsmittel.

6.5 Overheadprojektor

Der Overheadprojektor (Tageslichtprojektor) ist ein Projektionsgerät für Darstellungen und Klarsichtfolien im Format DIN A4. Die Folien werden mit speziellen Folienfilzstiften (wasserlöslich oder wasserfest) beschriftet oder vorher mit einer Präsentationssoftware erstellt (vgl. Kap. 5.2.4).

Diese Projektoren sind immer noch eines der am häufigsten eingesetzten Präsentationsmedien. Dies liegt daran, dass sie verhältnismäßig preiswert und fast überall in Präsentationsräumen vorhanden sind.

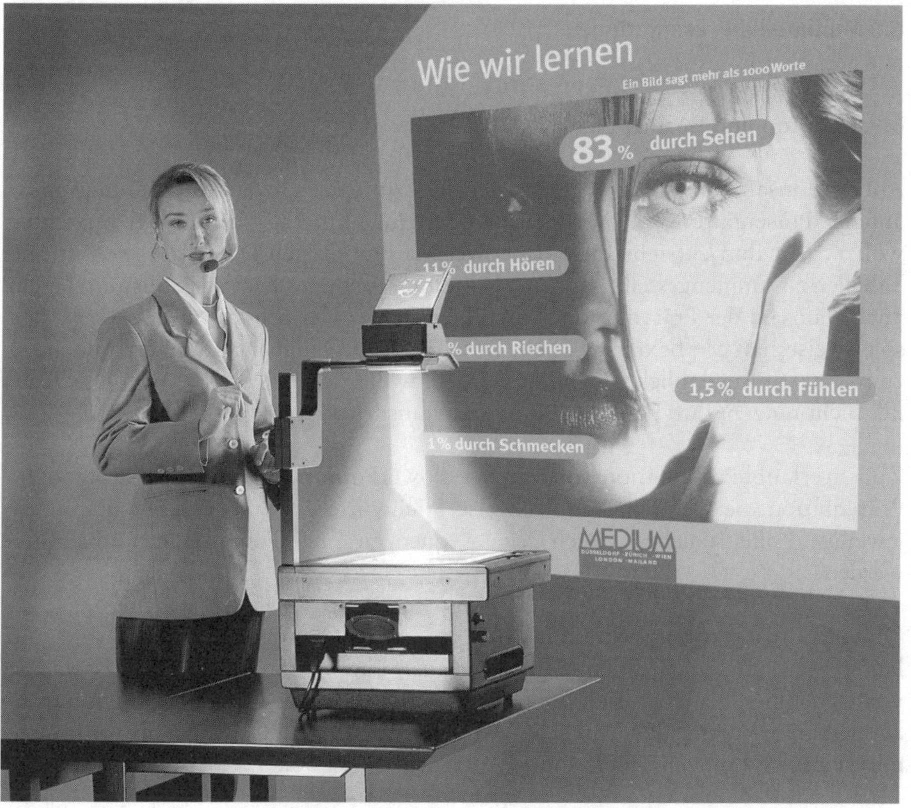

Abb. 40 Beispiel für einen Overheadprojektor

Vorteile:
- Besonders geeignet für Präsentationen vor vielen Teilnehmern.
- Folien können vorbereitet und situativ entwickelt werden.
- Eine wiederholte Verwendung ist möglich.
- Ausgereifte Technologie, einfache Handhabung, transportabel.

Nachteile:
- Ein abgedunkelter Raum ist notwendig.
- Einzelne Darstellungen bleiben nur für die Dauer der Projektion sichtbar.

6.6 Multimedia-Präsentationen

6.6.1 Laptop und Beamer

Auf den Einsatz eines Computers werden Sie – zumindest in der Vorbereitungsphase auf eine Präsentation, eine Moderation oder einen Vortrag – nicht mehr verzichten wollen. Mit ihm entsteht Ihr Skript, werden die nötigen Daten ausgewählt und Tabellen zusammengestellt. Warum also sollten Sie dieses wichtige Hilfsmittel nicht auch während der Präsentation sinnvoll einsetzen? Der Einsatz eines Laptops beispielsweise hält Sie flexibel: Folien, Daten, Tabellen und Diagramme können bis zum „letzten Augenblick" geändert werden, während Vortragende, die diese Technik nicht nutzen, ihre Folien zeitaufwändig ausdrucken und kopieren.

Zudem erlaubt Präsentationssoftware wie PowerPoint von Microsoft eine animierte Präsentation, bei der sich beispielsweise Stichworte erst auf Mouse-Click in die jeweilige Folie schieben. Auch Videosequenzen und Töne können abgerufen werden.

Obwohl Präsentationsprogramme auf fast jedem Computer installiert sind und laufen, ist es ratsam, auf den (firmen-)eigenen Laptop zurückzugreifen. Nichts ist unangenehmer, als wenn sich die Grenzen multimedialer Präsentation ausgerechnet bei Ihrem Vortrag den Zusehern und Ihnen offenbaren. Gehen Sie also auf Nummer sicher und nutzen Sie ein Ihnen vertrautes Notebook.

Natürlich ist das Display des Laptops für eine Präsentation zu klein. Der Computermonitor gilt nur Ihrer Kontrolle. Ihre elektronischen Bildquellen – wie ein PC oder besser: ein Notebook – werden an einen Beamer angeschlossen. Beamer sind

Daten- und Videoprojektoren, die den Inhalt Ihres Monitors auf eine Leinwand oder eine andere helle ebene Fläche projizieren.

Beamer gibt es – je nach Lichtstärke – mittlerweile in den unterschiedlichsten Größen. Das Angebot reicht von Mikro-portablen Projektoren unter 3 Kilogramm bis zu 9 Kilogramm schweren Konferenzraumprojektoren. Schon die kleineren Modelle haben heute Lichtstärken bis zu 800 ANSI Lumen. Eine Verdunklung des Raumes ist bei etwa 700 ANSI Lumen kaum noch nötig, sofern Ihnen eine Projektionsfläche mit einer Diagonale von 1,30 Meter ausreicht. Wollen Sie eine größere Projektionsfläche nutzen, sollten Sie Beamer mit 1.200 oder sogar 2.000 ANSI Lumen einsetzen.

Achtung: Beamer verleiten schnell dazu, sich vom Präsentator zum „Weiterklicker" zu degradieren. Die oft perfekte Technik verführt auch die Zuschauer und Zuhörer, sich berieseln zu lassen und sich wie auf dem heimischen Fernsehsofa zu fühlen. Nutzen Sie diese Technik also nur stichpunktartig und bauen Sie „Brüche" ein!

Abb. 41 Beispiele für den Beamereinsatz

Vorteile:
- Gute Vorbereitung möglich.
- Ebenso ist eine direkte Reaktion auf die laufende Schulung oder Präsentation machbar, da die eingegebenen Daten direkt am Computer verändert werden können.

Nachteile:
- Technische Voraussetzung muss schon bei der Vorbereitung erfüllt sein.
- Know-how ist notwendig. Teilweise aufwendige Vorbereitung.

6.6.2 E-Präsentation

Eine Besonderheit im Bereich der Präsentationsmöglichkeiten stellen E-Präsentationen dar. Hier fungiert nur der Computer als Medium für die Vermittlung von Informationen, die klassische Präsentation „live und vor Ort" entfällt. Insbesondere im Bereich des E-Learnings werden E-Präsentationsmechanismen genutzt, um – unabhängig von Ort und einem fixen Zeitpunkt – Inhalte zu vermitteln. „Anytime anywhere" heißt das Prinzip, das heute schon verstärkt etwa bei Vorlesungen oder auch zur Mitarbeiterschulung in Großbetrieben eingesetzt wird. Der oft entscheidende Vorteil ist dabei offensichtlich: Flexibilität. Die Teilnehmer können selbst entscheiden, wann und wie viel sie lernen wollen. Sie können sowohl am Arbeitsplatz, auf Geschäftsreise als auch zu Hause oder auch im Urlaub arbeiten. Die Informationen sind stets abrufbar, Reisekosten und Anfahrtszeiten werden gespart. Und für den Präsentator entfällt ein Großteil der organisatorischen Aufgaben, die eine klassische Veranstaltung mit sich bringt.

E-Learning
E-Learning ist der Oberbegriff für elektronisch unterstütztes Lernen über den Computer. Da den Lernenden ein Lehrer nicht unmittelbar zur Verfügung steht und damit spontane Nachfragen nicht möglich sind, findet die Wissensvermittlung in stark strukturierter Form statt. Die Präsentatoren oder E-Teacher müssen also bereits weit im Vorfeld die Lerninhalte in Module aufgeteilt haben, die die Lernenden dann einzeln und Schritt für Schritt durcharbeiten. Zusätzlich müssen sie kleinere Kontroll-Tests oder gelegentlich auch Wissensspielchen einbauen, damit die Teilnehmer ihren Wissenstand individuell erproben können und motiviert bleiben.

Im Wesentlichen unterscheidet man im Bereich des E-Learning das Computer Based Training (CBT) und das Web Based Training (WBT). Der Unterschied von CBT zu WBT liegt – vereinfacht dargestellt – darin, dass bei WBT entweder das

Internet oder das (firmeneigene) Intranet als Kommunikationsmedium verwendet werden. Das jeweilige WBT-Programm wird also im WWW oder Intranet aufgerufen. CBT-Programme hingegen werden lokal auf PCs installiert und von hier aus auch ausgeführt.

CBT

Computer Based Training bezeichnet Lernprogramme, die von einem Teilnehmer in der Regel im Selbststudium durchgearbeitet werden. Meist werden diese Materialien auf CD-ROM geliefert und beinhalten neben dem Lernstoff Funktionen zu Lernkontrolle und Lernfortschritt. Die Rolle des Präsentators oder Lehrenden wird also von dem Programm selbst übernommen. Nur gelegentlich wird ein CBT-Programm gemeinsam mit einem Lehrer genutzt, der an seinem Terminal (meist unterstützt durch Beamer) einzelne Arbeitsschritte vorführt. Neben dem gängigen Fachbegriff CBT finden sich in der Literatur auch die Synonyme CAI (Computer Aided Instruction) und CUU (Computerunterstützter Unterricht).

WBT

Web Based Training bezeichnet das Lernen mit Hilfe eines über das Inter- oder Intranet-vernetzten Computers.
Der Begriff WBT, der in der Literatur sehr weit gefasst ist, wird mittlerweile für beinahe fast alle Lernmöglichkeiten mit den neuen Medien verwendet. Oft wird darunter ein Lernen in einem virtuellen Klassenzimmer oder in einer virtuellen Universität wie auch das Tele-Learning, Video-Conferencing und Ähnliches verstanden. Manchmal wird sogar Software, die zum Herunterladen auf einem Server bereit steht – Skripten als pdf-Files beispielsweise – als eine Form des WBT betrachtet. Entscheidend jedoch ist, das bei WBT die Informationen stets in beide Richtungen laufen: Ein Informationsfluss vom E-Teacher zu den Lernen findet genauso statt wie ein (virtueller) Austausch der Lernenden untereinander oder zum Lehrer. Möglich wird dies durch Chats oder via E-Mail.
Im Unterschied zum CBT, wo letztlich ein fertiges Programm vorliegt, in das Neuerungen oder Veränderungen erst bei einer Neuauflage eingepasst werden können, können beim WBT Inhalte schneller geändert werden, weil E-Teacher und Lernende direkter miteinander kommunizieren und das Feedback für das schnellere Anpassen an die Bedürfnisse genutzt werden kann.

Abb. 42 Beispiel für ein Videokonferenzsystem, das auch für CBT genutzt werden kann

6.6.3 Weitere Hilfsmittel

Insbesondere die Funk-Maus und gelegentlich auch der Visualizer dürften bei künftigen Präsentationen immer häufiger genutzt werden. Die Funk-Maus ist im Grunde nichts anderes als eine Fernbedienung, die Ihnen Bewegungsfreiheit gibt. Mit ihr können Sie den Laptop auch aus der Entfernung steuern und sich so – wie die Zuseher – am Bild des Beamers orientieren.

Achten Sie beim Kauf auf die gewünschte Reichweite. Eine Maus, die über ein Infrarotsignal mit Ihrem PC oder Laptop verbunden ist, hat eine Reichweite von nur wenigen Metern. Falls Sie diese Technik öfter nutzen wollen, ist eine Maus, deren Signal über eine größere Reichweite verfügt, zu empfehlen.

Sie sollten sich schon im Vorfeld der Präsentation auf Ihre „neue Freiheit“ vorbereiten. Denn der oftmals „beruhigende Anker“, den der aufgeklappte Laptop darstellt, weil er „Deckung“ gibt, entfällt nun.

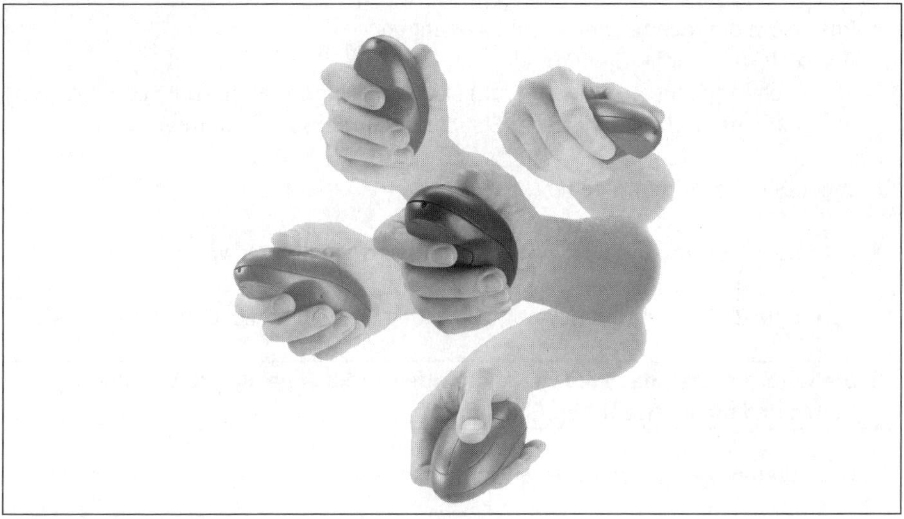

Abb. 43 Beispiel für eine Funkmaus

Visualizer sind kleine Video-Kameras mit schwenkbarem Arm, die mithilfe eines Beamers oder eines Fernsehgerätes auch kleine Dinge wie etwa Modelle groß herausbringen. Durch sie wird beispielsweise die Übertragung „live“ von per Hand ausgeführten Arbeiten für alle sichtbar.

6.6.4 Tipps zum Einsatz visueller Medien

Ihre Präsentation – egal ob mit Copyboard, Beamer oder Flipchart – ist nur dann erfolgreich, wenn Sie einige grundsätzliche Punkte bei jedem Medieneinsatz beachten. Sie sichern Ihnen den reibungslosen Ablauf Ihrer Präsentation und sind im Folgenden abschließend aufgeführt:

Checkliste

1. Verwenden Sie visuelle Hilfen niemals ohne vorherige Probe!

- Prüfen Sie die technischen Voraussetzungen.
  Beispielsweise bei Projektion:
  Mehrfach-Steckdosen, Verlängerungskabel, Kompatibilität von Schnittstellen und Software, Lichtverhältnisse, Ersatzglühlampen, schreibfähige Stifte.
- Legen Sie die Reihenfolge fest.
- Legen Sie fest, wo und wie vorbereitete Charts angebracht werden.
- Kontrollieren Sie ihre beabsichtigte Wirkung (Helligkeit, Lesbarkeit, Akustik).

2. Stellen Sie sicher, dass die visuellen Hilfen wirklich bei der Verständigung helfen und nicht etwa hinderlich sind!

- Formulieren Sie einfach und verständlich.
- Schreiben Sie nicht zu viel Text auf eine Folie/ein Chart, also:
- Immer nur eine Idee auf einmal!
- Verwenden Sie Farben, aber beschränken Sie sich auf maximal 3 bis 4.
- Auch ganzfarbige Folien sind zu empfehlen,
  Verwenden Sie aber nur helle Farben (gelb, hellblau).
- Verwenden Sie wenige verschiedene Buchstabengrößen.
- Die Kerninformation können Sie durch Unterstreichung oder Fettdruck hervorheben.
- Setzen Sie visuelle Hilfen nur so lange ein, wie Sie Bezug darauf nehmen (Flipchart umschlagen, Projektor ausschalten).

3. Setzen Sie die visuellen Hilfen gezielt ein!

- Zeigen Sie die visuellen Hilfen erst, wenn sie „an der Reihe“ sind.
  Bei Charts: Leerblätter zum Abdecken einplanen. Bei Folien: Projektor oder Laptop ausschalten.
- Sehen Sie „Leerstellen“ für Entwicklungsmöglichkeiten (beispielsweise Ideen der Teilnehmer) vor.
- Präsentieren Sie Charts mit Grundsatzinformationen (Zielsetzung, Gliederung des Vortrags, Ablaufplan, Zeitplan), die die ganze Zeit gut sichtbar sind.

4. Geben Sie allen Zuhörern freie Sicht auf die visuellen Hilfen!

- Stellen Sie sich seitlich hin, beispielsweise so, dass beim Schreiben auf Chart der eigene Körper das gerade Geschriebene nicht verdeckt.
- Verwenden Sie, wenn nötig, einen Laserpointer.

Bei Projektion:

- Zeigen Sie möglichst auf die Projektionsfläche und nicht auf die Leinwand.
- Behalten Sie stets Blickkontakt zu Ihrem Publikum.
- Sehen Sie die Zuhörer an und sprechen Sie zu ihnen (nicht etwa zum Flipchart, zur Leinwand oder in Ihr Terminal).

5. Lassen Sie die visuellen Hilfen wirken!

- Machen Sie bei der Handhabung der visuellen Hilfen (Diawechsel, neues Bild) stets eine kurze Pause, damit die Teilnehmer die visuellen Hilfen ohne Ablenkung ansehen können (insbesondere bei Texten). Erst dann weiterreden.
- Verwenden Sie visuelle Hilfen zur Unterstützung Ihrer Ausführung, nicht umgekehrt.

- Prüfen Sie, ob die visuellen Hilfen (Zeichnungen, Statistiken und so weiter) richtig erkannt und verstanden werden.
- Erklären Sie Abkürzungen und spezielle Fachbegriffe.

6. Sprechen Sie lauter als normal!

- Die Aufmerksamkeit der Zuhörer ist geteilt zwischen visueller Hilfe und Referent. Sprechen Sie darum lauter, eindringlicher, langsam und deutlich.
- Bei abgedunkeltem Raum ist erst recht eine größere Lautstärke erforderlich, weil der Referent dann nicht mehr sichtbar, sondern nur noch hörbar ist.
- Schalten Sie Ihr Handy aus!

6.7 Kosten-Nutzen-Verhältnis

Abschließend noch einige Anmerkungen zum Aufwand, den der Einsatz moderner Medien verursacht.

Tatsächlich bieten sie vielfältigen Nutzen. Durch computergestützte Aufbereitung lassen sich Informationen dynamischer, attraktiver und somit verständlicher darstellen.

Doch muss man auch den Werkzeugcharakter der Technik sehen. Nicht allein der Einsatz von Technik und Präsentationssoftware bringt den Nutzen, sondern vielmehr Professionalität in deren Handhabung und Gebrauch.

Die alte Technik sollte nicht gegen die neue Technik ausgespielt werden. Selbstverständlich bietet die neue Technik, insbesondere die Software, fast unüberschaubare Möglichkeiten für die Präsentation, doch brauchen Sie diese wirklich für Ihre Präsentation oder um sich dahinter zu verstecken? Lässt Ihnen die Technik auch genügend Freiraum, um zu zeigen, dass Sie derjenige sind, der seine Gedanken präsentiert oder einen Vortrag hält?

Fragen Sie sich im Vorfeld: „Was will ich erreichen?“ und „Wen will ich mit welchen Inhalten ansprechen?“. Technik ist für Ihre Präsentation nur ein Mittel zum Zweck. Verlieren Sie den Zweck nie aus den Augen!

Quellenangaben

Abb. 26: Beispiele für Cliparts
Quelle: Microsoft
Abb. 35: Beispiel für eine Mind Map
Quelle: Mindjet GmbH
Abb. 36: Beispiel für PowerPoint
Quelle: Microsoft
Abb. 37: Beispiel für eine Weißwandtafel
Quelle: edding International GmbH
Abb. 38: Beispiel für ein Copyboard
Quelle: edding International GmbH
Abb. 39: Beispiel für ein Flipchart
Quelle: edding International GmbH
Abb. 40: Beispiel für einen Overheadprojektor
Quelle: Medium
Abb. 41: Beispiele für den Beamereinsatz
Quelle: Medium, edding International GmbH
Abb.42: Beispiel für ein Videokonferenzsystem
Quelle: Sony
Abb. 43: Beispiel für eine Funkmaus
Quelle: Medium

Literaturverzeichnis

Altmann, Hans Christian: Überzeugend reden, verhandeln, argumentieren. Ideenquelle und Übungsbuch für die erfolgreiche Kommunikation. München 1993.

Barenberg, Axel: Die überzeugende Präsentation. München 1994.

Berkel, Karl: Konflikttraining. Konflikte verstehen, analysieren, bewältigen. Heidelberg 2002.

Berne, Eric: Spiele der Erwachsenen. Psychologie der menschlichen Beziehungen. Reinbek 2002.

Bernstein, David: Die Kunst der Präsentation. Frankfurt 1993.

Bönning, Uwe: Moderieren mit System. Wiesbaden 1994.

Brocher, Tobias: Gruppenberatung und Gruppendynamik. Leonberg 1999.

Buzan, Tony: Kopftraining. München 2000.

Cohn, Ruth C./Terfurth, Christina (Hrsg.): Lebendiges Lehren und Lernen – TZI macht Schule. Stuttgart 1995.

Decker, Franz: Teamworking. Würzburg 1998.

Donnert, Rudolf: Soziale Kompetenz. Der Praxisratgeber für ein kooperatives Arbeitsklima. Würzburg 1999.

Ebbinghaus, Hermann: Über das Gedächtnis. Untersuchungen zur experimentellen Psychologie. Darmstadt 1992.

Feuerbacher, Berndt: Professionell präsentieren mit und ohne Computer. Heidelberg 1998

Gordon, Thomas: Managerkonferenz. Effektives Führungstraining. München 1995.

Gressmann, Markus/Imdahl, Reinold/Jehn, Stefan: Präsentation mit elektronischen Medien. Künzell 1999.

Harris, Thomas: Ich bin o.k. Du bist o.k. Reinbek 2001.

Hartmann, Martin/Rieger, Michael/Pajonk, Brigitte: Zielgerichtet moderieren. Ein Handbuch für Führungskräfte, Berater und Trainer. Weinheim 1999.

Hierhold, Emil: Sicher präsentieren, wirksamer vortragen. Neue Strategien, Taktik, Tips und Tricks für den überzeugenden Auftritt. Wien, Frankfurt am Main 2000.

Kirkpatrick, Donald L.: Konferenz mit Effizienz. München 1994.

Leitner, Sebastian: So lernt man lernen. Der Weg zum Erfolg. Augsburg 1999.

Rosenstiel, Lutz von: Motivation im Betrieb. Mit Fallstudien aus der Praxis. Leonberg 2001.

Schnelle-Cölln, Telse/Schnelle, Eberhard: Visualisieren in der Moderation. Eine praktische Anleitung für Gruppenarbeit und Präsentation. Hamburg 1998.

Schulz von Thun, Friedemann: Miteinander reden. Psychologie der Kommunikation. Reinbek 1999.

Seifert, Josef W.: Visualisieren, Präsentieren, Moderieren. Offenbach 2001.

Vester, Frederic: Denken, Lernen, Vergessen. Was geht in unserem Kopf vor, wie lernt das Gehirn und wann lässt es uns im Stich? München 2001.

Weber, Wolfgang J.: Aufbereiten – Präsentieren. Berlin 1997.

Weiß, Hans-Joachim: Prüfungsangst. Würzburg 1997.

Stichwortverzeichnis